PETITS PRATIQUES CUISINE

W0303539

Je fais mon foie gras

Auteurs : Jean-Marc Plantade et Michel Sage

Photographies : Nathanaël TURPIN-GRISET
Stylisme : Karin ROUSSEAU
Photographies de reportage : Patrick BOURDET

HACHETTE
Pratique

Sommaire

Signification des symboles

★ très facile — € bon marché
★★ facile — €€ raisonnable
★★★ difficile — €€€ cher

.. Savoir acheter

•• Acheter un canard

Avant de le cuisiner et de le déguster, il faut évidemment un beau canard gras. Aspect extérieur, prix, adresses... voici donc tout ce qu'il faut savoir pour être sûr de faire le bon choix.

LES BONS CONSEILS

Outre les proportions, le poids – entre 5 et 7 kilos – préoccupez-vous en premier lieu de la fraîcheur de l'animal. Pour cela, regardez sa peau, ses pattes et son bec.

Le bec : quand le canard est frais, le bec est brillant, pas desséché.

Les pattes : au-delà de deux ou trois jours, elles noircissent.

La peau : souple, elle perd son brillant quand l'animal est trop vieux.

L'odeur : légère, elle permet presque de différencier un canard frais d'un vieux.

Le toucher : palpez le canard (sur une foire ou un marché gras c'est naturel). Une chair trop ferme veut dire que l'animal est probablement resté en chambre froide trop longtemps.
Un palpage rapide du foie s'impose quand la peau qui le recouvre n'a pas été incisée. Dur, le foie a toutes les chances d'avoir trop de graisse, ce qui abaisse sa qualité. Un foie bien proportionné représente entre 10 et 12 % du poids total de l'animal, pas plus.

Quel type de canard ? le mulard mâle, qui est un hybride du canard rouennais et du canard de Barbarie. Ce dernier est plus fourni en viande et son foie supporte moins bien la conserve.

Quand acheter un canard ? les meilleures saisons sont l'automne, l'hiver et le printemps.

Combien ça coûte ? les prix sont stables depuis une dizaine d'années, autour de 6 ou 7 euros le kilo dans les régions de production. En Région parisienne ou dans les grands centres régionaux, les tarifs sont souvent sensiblement plus élevés.

LES ADRESSES

Les foires grasses, les marchés gras : Partout dans le Sud-Ouest de la France sont organisés des foires grasses et des marchés gras qui, réservés aux producteurs, permettent, en automne et en hiver, de trouver des canards gras d'excellente facture. Citer la liste exhaustive de ces marchés qui remontent souvent au Moyen Âge serait trop long. Nous nous bornerons à n'en préciser que quelques-uns :
- Corrèze : Brive-la-Gaillarde, Objat ;
- Dordogne : Ribérac, Thiviers-en-Périgord ;
- Landes : Aire-sur-l'Adour, Hagetmau, Montfort-en-Chalosse ;
- Gers : Mirande, Riscle, Eauze...

À la ferme : En France, plus de 2 000 éleveurs fermiers, et notamment dans le Sud-Ouest, proposent aux amateurs des volailles grasses. On peut les acheter sur place ou les commander par téléphone, Minitel et Internet.

Les boutiques de foie gras : Certains traiteurs, épiceries fines et boutiques de produits régionaux en Île-de-France et dans plusieurs grandes métropoles acceptent désormais les commandes de canard gras. Boucheries et charcuteries devraient bientôt les imiter.

Les principaux morceaux du canard gras :

1 Tête
2 Cou
3 Manchon (partie inférieure de l'aile)
4 Aileron (partie supérieure de l'aile)
5 Magret
6 Cuisse
7 Partie où se trouve le foie
8 Croupion
9 Patte
10 L'os du bréchet (sous la peau)

Le transport : le canard gras voyage bien à condition d'être maintenu au froid (sac de congélation, glacière) et à l'abri des chocs.
Les délais : pour éviter tout risque de détérioration, mieux vaut ouvrir son canard gras le plus rapidement possible. En particulier en ce qui concerne le foie. Dans le meilleur des cas, son extraction doit se faire dans les vingt-quatre heures qui suivent l'abattage de l'animal. Les autres morceaux, eux, peuvent attendre un, voire deux jours de plus.

•• Acheter un foie frais

Mais rien n'oblige le particulier pressé à acquérir obligatoirement un canard entier. Il peut parfaitement se contenter d'acheter un simple foie gras destiné à être soit cuisiné « nature », soit mis en conserve.
Voici, dans cette perspective, l'essentiel de ce qu'il faut savoir.

Couleur cierge sans altération et grain fin :
le prototype d'un beau foie.

LES PRÉCAUTIONS À PRENDRE

La couleur : juger d'un coup d'œil la couleur du foie est la chose prioritaire.
Un bon foie doit avoir un teint « chair » régulier et un aspect légèrement brillant. S'il est trop jaune – et sec (cela va souvent de pair) – c'est qu'il a été extrait depuis plusieurs jours ou n'a pas été préparé dans de bonnes conditions.

La présentation : attention, pour des questions d'hygiène, les foies mis en vente doivent être emballés séparément et placés sous film transparent. Fuyez les autres présentations, à l'air libre notamment.

Le prix : très bon marché depuis une décennie dans les régions de production, le foie frais se négocie autour de 40 euros le kilo. Des prix quasiment introuvables en Région parisienne ou dans les capitales provinciales : c'est pourquoi mieux vaut vous adresser en priorité aux producteurs indépendants.

La catégorie : pour choisir entre un foie de catégorie « extra », « première » ou « tout-venant », il faut connaître sa destination précise (conserve, cuisine...). *Voir Le foie gras facile, p. 16, 17.*

Des bocaux, un stérilisateur (en arrière-plan) et un thermomètre à yaourt : l'essentiel du matériel de conserve.

Les deux couteaux (petite et longue lame) et le fusil pour l'affûtage.

L'HYGIÈNE

Le travail du canard gras doit s'effectuer dans un *environnement* et avec un *matériel propres*. Ainsi l'usage d'un tablier et de gants est-il fortement recommandé pour la confection des conserves.
De même, il est déconseillé d'utiliser une planche à découper en bois pour le foie : véritable filtre, ce dernier est susceptible de s'imprégner des odeurs de la planche, sans compter les bactéries et autres microbes potentiels. En conclusion, une *table de cuisine bien nettoyée* fera parfaitement l'affaire.

LE MATÉRIEL

Si *deux couteaux* suffisent à découper un canard gras, ils doivent être cependant de *très bonne qualité*, tout particulièrement au niveau des lames. Ces dernières doivent être parfaitement affûtées, si vous voulez travailler à l'aise. Aussi convient-il de vous procurer de véritables couteaux de boucher : le premier à *lame fine* et pointue pour faire les intérieurs, dégager le foie... L'autre, à *longue lame*, servira aux autres opérations. Procurez-vous également des bocaux, un stérilisateur et un thermomètre à yaourt.

.. La découpe du canard

Percer ce coffre-fort qu'est le canard sans abîmer les trésors culinaires qu'il renferme n'est pas chose très compliquée. Cela nécessite pourtant d'adopter une technique précise car le canard ne se découpe pas comme les autres volatiles.
En suivant en détail les six opérations décrites et illustrées dans ce chapitre, n'importe quelle personne doit être en mesure de préparer un canard dans un temps raisonnable. D'une vingtaine de minutes pour un débutant, la découpe s'effectue, en effet, en moins de dix minutes lorsque les gestes sont maîtrisés. Au travail !

DIFFICULTÉ **

Les quatre principales phases de la découpe du canard :

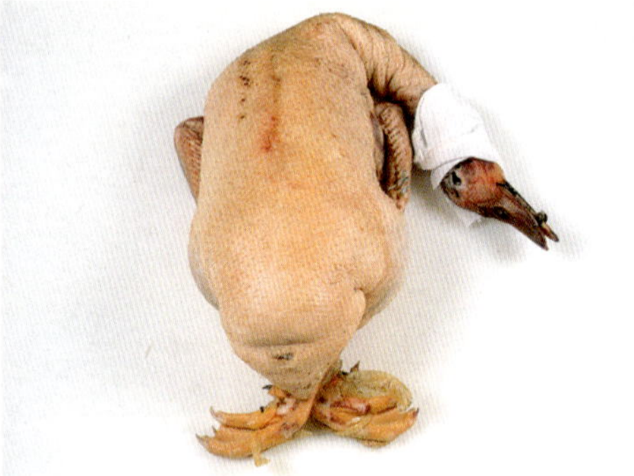

1. entier,

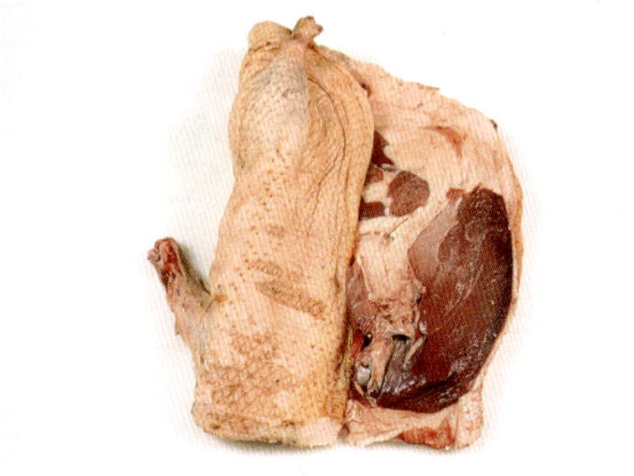

2. l'enlèvement du paletot,

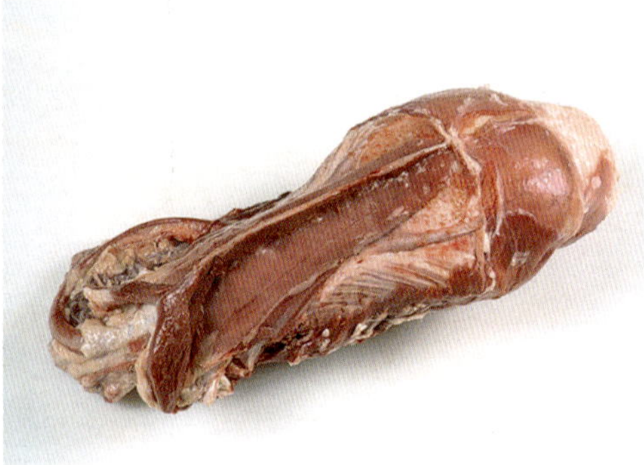

3. l'accès à la carcasse,

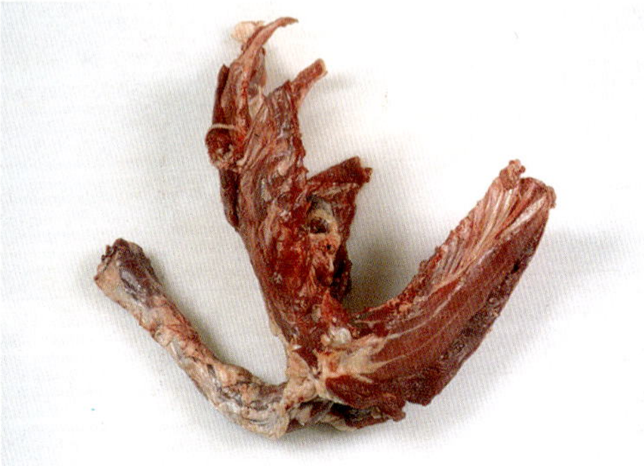

4. la carcasse ouverte.

•• La séparation des abats

Désignées sous le terme d'« abats », la pointe des ailes (ailerons) et la tête sont les rares morceaux à ne pas être conservés. La première opération consiste à s'en séparer.

Les pattes – Difficulté *
Placez le canard ventre en l'air, saisissez la première patte que vous tranchez à la jointure de l'articulation de la cuisse. À environ la moitié de l'incision, déboîtez-la légèrement vers l'extérieur pour faciliter le passage de la lame (photo 1). Répétez l'opération pour la seconde.

Les ailes – Difficulté *
Dépliée, l'aile, ou plus exactement l'aileron, est découpé au niveau du coude. Après avoir tranché la peau, attaquez l'articulation en la déboîtant vers l'extérieur pour mieux la trancher *(photo 2)*. Répétez l'opération de l'autre côté.

La tête – Difficulté *
Le canard ventre en l'air, saisissez la tête d'une main pour la trancher au couteau de l'autre. Pour la détacher plus facilement, tournez-la après l'avoir entaillée aux trois quarts *(photo 3)*. Cette opération est théoriquement terminée mais dans la pratique on l'achève en « libérant » la peau du cou qui constitue un morceau de choix.

Le cou – Difficulté **
Laissez pendre le cou hors de la table, cela permet de mieux repérer le premier os de la carcasse avec votre pouce. Armé du petit couteau, tranchez la peau du cou en décrivant un mouvement circulaire (photo 4). Attention : seule la peau doit être libérée, il faut prendre soin de ne pas entailler la viande en dessous. Tirez-la vers vous en la prenant d'une main tout en tenant le canard de l'autre (photo 5).

Truc : Retournez la peau du cou avant de la mettre au salage.

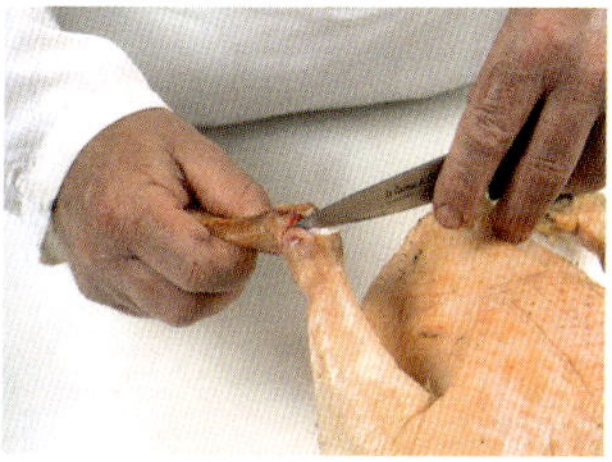
1. L'articulation de la patte est sectionnée.

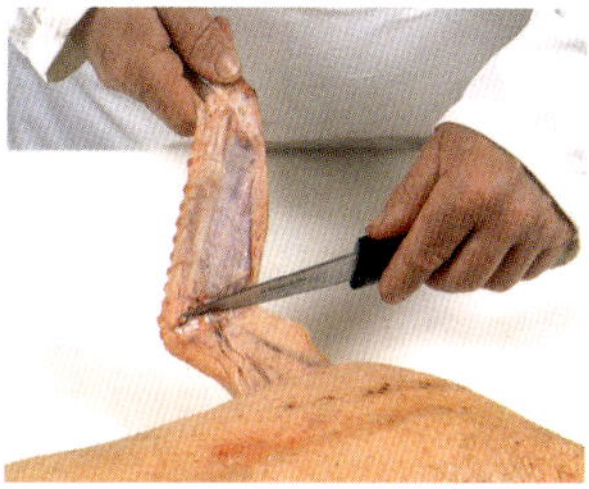
2. La découpe de l'aileron.

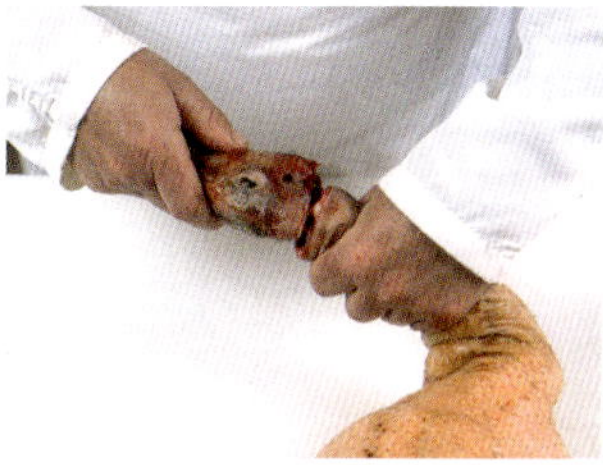
3. Coupée au couteau, la tête est vrillée à la main.

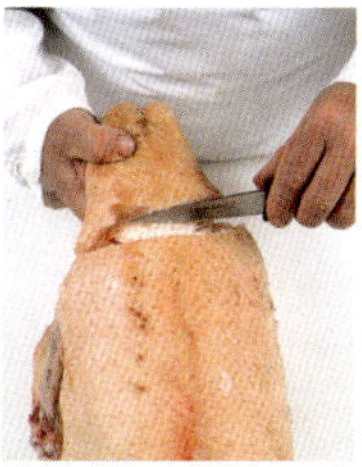
4. La découpe du cou à la base.

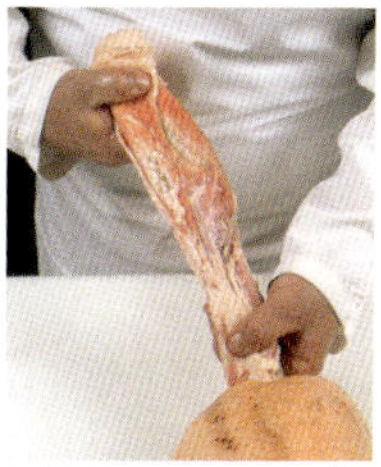
5. On le tire comme une chaussette.

•• La découpe du paletot

Le paletot d'un canard, c'est en quelque sorte un manteau dans lequel se trouvent les magrets et les cuisses. L'opération « découpe » consiste à dévêtir l'animal pour, ensuite, accéder au foie.

Difficulté **

Entailler

Placez le canard ventre en l'air, croupion face à vous. Avec le couteau à grande lame, entaillez la peau et la graisse sur 2 à 3 cm en partant du premier os palpable (celui qui a servi de repère pour le cou) et en longeant délicatement le bréchet – os de la carcasse qui correspond au sternum chez l'homme *(photo 1)*.

CONSEIL

Attention à ne pas découper l'aiguillette placée de chaque côté du bréchet.

Couteau-main

Au fur et à mesure que vous découpez d'une main, tirez pour détacher la partie libérée de l'autre, sans trop forcer car l'opération doit se faire en douceur *(photos 2 et 3)*. Aidez-vous ensuite du couteau pour libérer les deux parties supérieures du paletot : le canard est alors à moitié déshabillé.
Pour finir, incisez délicatement la peau du paletot jusqu'à l'anus de l'animal et décollez-la à la main.

Le dos *(photos 4 et 5)*

Le paletot doit être libéré au niveau du dos. Avec le couteau, dégagez les côtés bas de la carcasse jusqu'aux cuisses tout en vous aidant de la main : l'une tient le paletot, l'autre la carcasse. À ce stade, le paletot n'est plus solidaire que de la colonne vertébrale. Prenez donc le canard par le cou pour le tirer vers le haut.

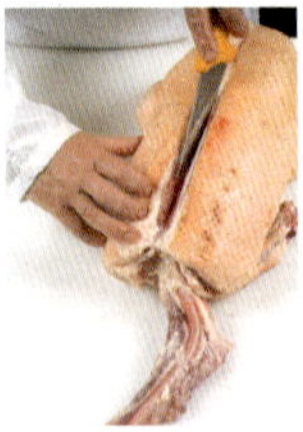

1. Pour ouvrir le paletot, suivre le bréchet.

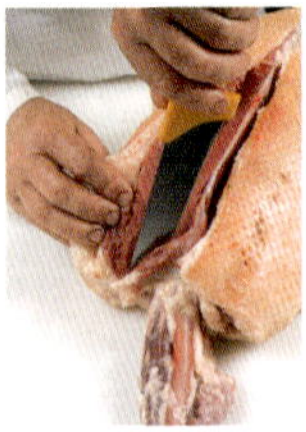

2. Une main tire, l'autre coupe.

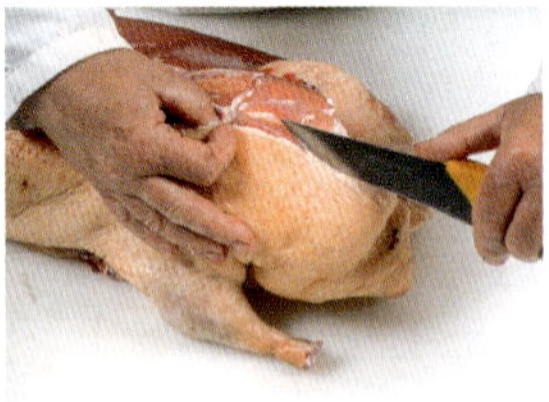

3. Découpe minutieuse au-dessus du foie.

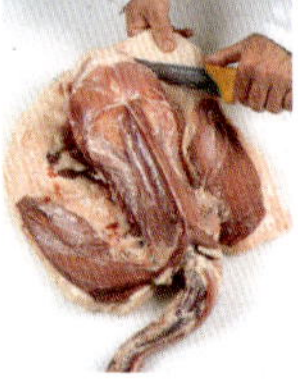

4. Un paletot bien ouvert.

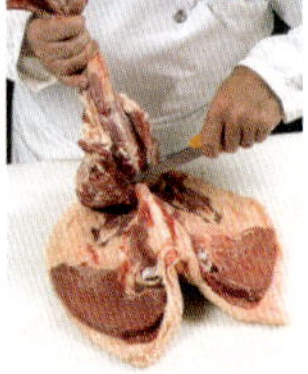

5. On suit la colonne vertébrale.

•• L'ouverture de la carcasse

On enchaîne ensuite sur le travail de la carcasse, cette structure osseuse qui contient le foie, le cœur, le gésier, les boyaux et une boule de graisse voisine de l'anus. C'est la partie la plus délicate de la découpe car il s'agit d'ouvrir la « boîte » sans abîmer le foie.

DIFFICULTÉ ***

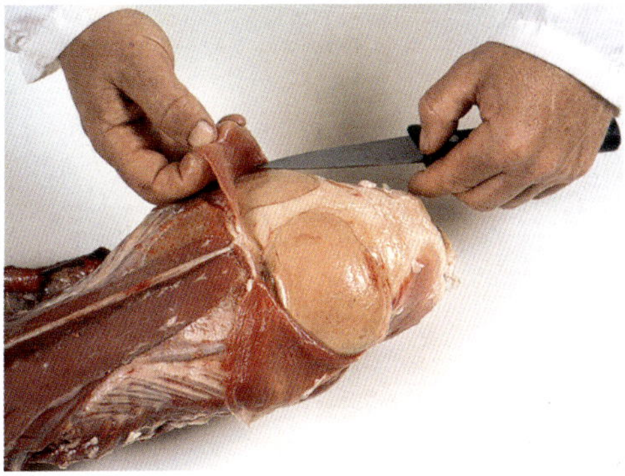

1. Sous la peau, le foie gras.

LA PEAU *(photo 1)*
En fait, une simple peau protège désormais le foie. Dans un premier temps, passez délicatement la lame du couteau sous la carcasse en prenant soin de ne pas toucher le foie. Objectif : crever la peau pour y faire entrer de l'air. Posez la carcasse sur le flanc et, le tranchant de la lame tourné vers l'extérieur, coupez la peau le long de la première côte, sans toucher ni les boyaux, ni le foie.

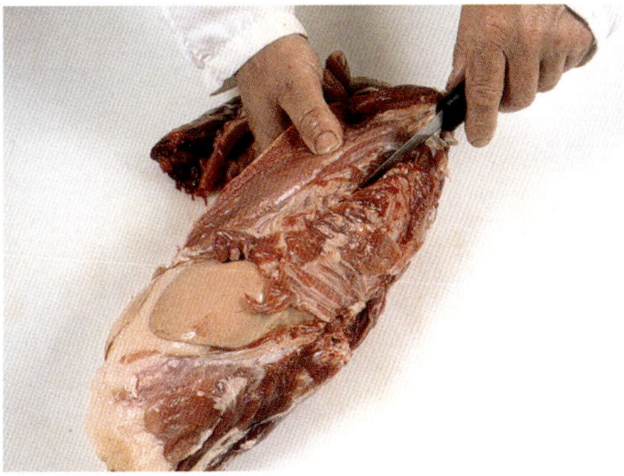

2. On tranche les côtes pour les ouvrir.

LES CÔTES *(photo 2)*
Placez la pointe de la longue lame – le tranchant toujours tourné vers l'extérieur – sous les dernières côtes, à l'endroit où elles sont le plus souples, c'est-à-dire vers le milieu. Découpez alors doucement vers l'extérieur jusqu'à la première côte. Répétez l'opération de l'autre côté de la carcasse.

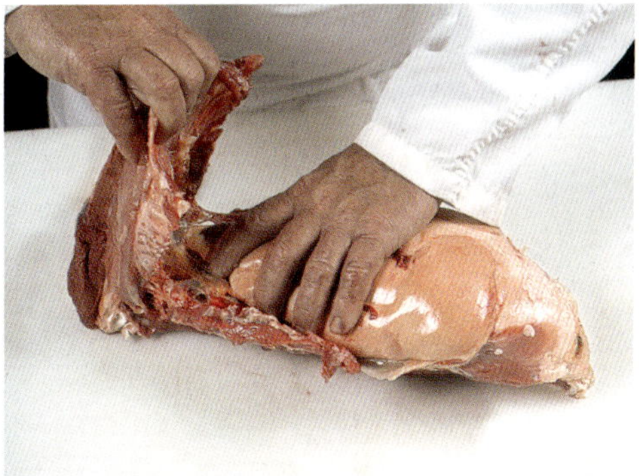

3. En tenant le foie, on décolle la carcasse.

LE DOS *(photo 3)*
Reste alors à remettre le canard sur le dos. D'une main, tenez le foie pour le protéger, de l'autre étirez vers vous la carcasse à la verticale. Surprise : le coffre-fort s'ouvre !

•• La libération du foie

La « boîte » ouverte, la première chose à faire est de « libérer » le foie, c'est-à-dire le désenclaver à la main.

DIFFICULTÉ ***

TIRER

Soulevez la carcasse d'une main, tandis que, de l'autre main, vous attrapez le foie à sa partie supérieure et l'étirez doucement, exactement comme pour le décoller *(photos 1 et 2)*.
Mais pas question de vous arrêter en route, continuez à tirer sur le foie, la poche de fiel devant rester solidaire des boyaux et de la graisse *(photo 3)*.

CONSEIL

Attention à la poche de fiel (glande verte), elle ne doit être percée sous aucun prétexte.

PRÉCISION : Si toutefois vous percez la poche de fiel, lavez immédiatement sous l'eau courante toutes les parties touchées par la bile.

LA BILE

Le foie est alors définitivement « libéré ». Vous constatez immédiatement la présence d'une trace verte à l'endroit de la jointure avec la poche de fiel. Nettoyez-la au couteau. Le foie est alors prêt à être travaillé.

CONSEIL

Un foie ne doit pas rester longtemps à l'air libre. Couvrez-le immédiatement d'un linge propre ou d'un papier absorbant. Placez-le aussitôt sur un bain de glace, pendant 5 à 10 min, avant de le retravailler.

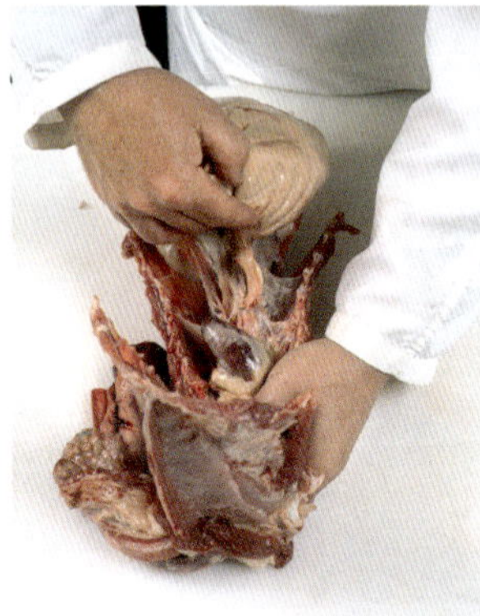

1. Le foie pris en main.

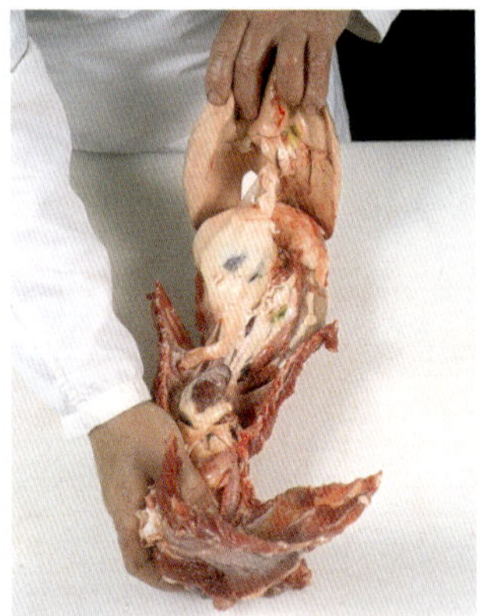

2. On tire le foie vers soi.

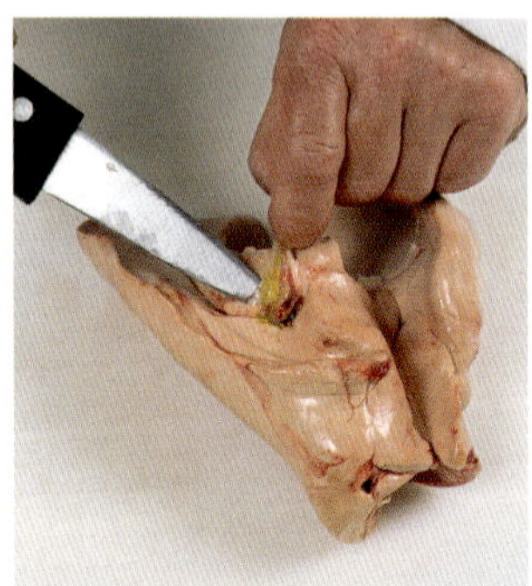

3. La tache verte de la poche de fiel.

•• Le morcelage du paletot

Le foie bien au frais, on revient au paletot. Objectif : en extraire les deux magrets, les deux ailes et les deux cuisses.

DIFFICULTÉ *

LA DÉCOUPE *(photo 1)*
Posez le paletot côté peau sur la table, partagez-le en deux dans le sens de la longueur avec le grand couteau.

LES GLANDES *(photo 2)*
Attention, il existe de chaque côté du croupion une glande à enlever absolument. Pour ce faire, découpez les bosses au couteau en en faisant le tour.

LE MAGRET *(photo 3)*
Si vous voulez le cuisiner seul, partagez le demi-paletot en deux. Puis, à l'aide du couteau, découpez la « parure » (graisse et peau) autour de la cuisse et du magret. Mettez la « parure » de côté, elle servira pour les rillettes. Reste alors à désolidariser le magret du « manchon », désignation de l'articulation de l'aile. Sectionnez la veine et les nerfs qui passent entre le manchon et le magret. Puis étirez le manchon en vous aidant du couteau. Le magret comporte aussi un excédent de graisse qu'on « libère » en soulevant puis en sectionnant la peau avec le couteau. Il est alors à point.

LES CUISSES ET LES AILES *(photos 4 et 5)*
Dans la perspective de les confire, commencez par enlever la « parure » inutile en décrivant au couteau un arc de cercle autour de la cuisse. Objectif : laisser un tiers de gras pour la cuisson.

Quant à l'aile bientôt confite, vous lui conserverez le magret. Il n'est donc pas nécessaire de séparer ce dernier.

Le morcelage du paletot est terminé et le surplus de graisse (la « parure ») est mis de côté.

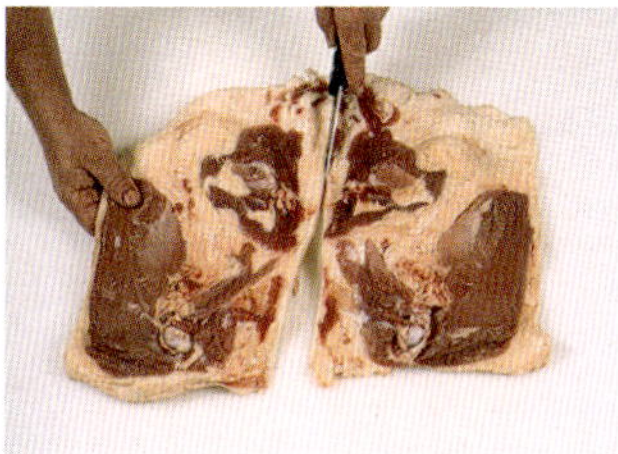

1. Le paletot est découpé.

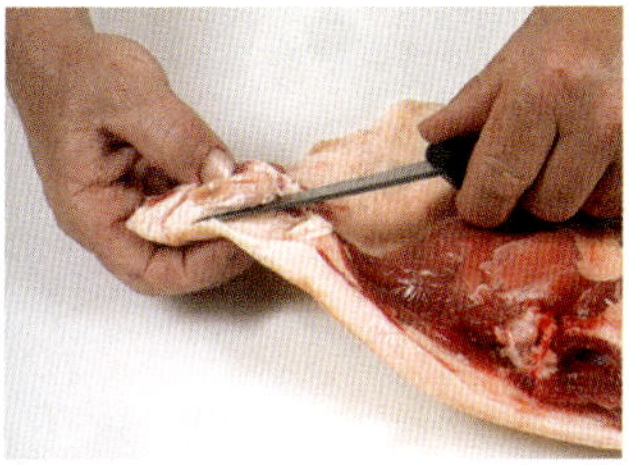

2. Les glandes du croupion à retirer.

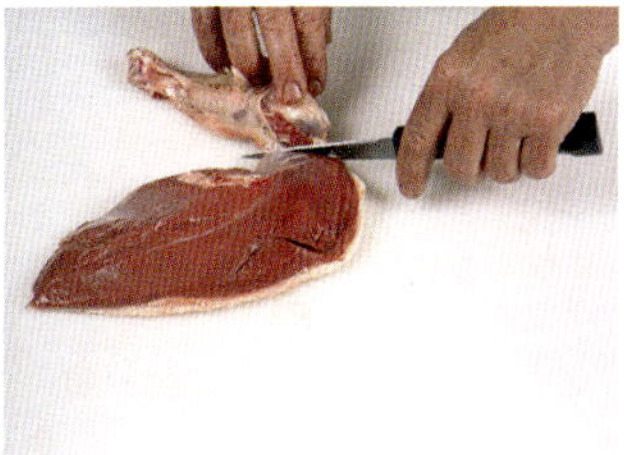

3. Le magret libéré du manchon.

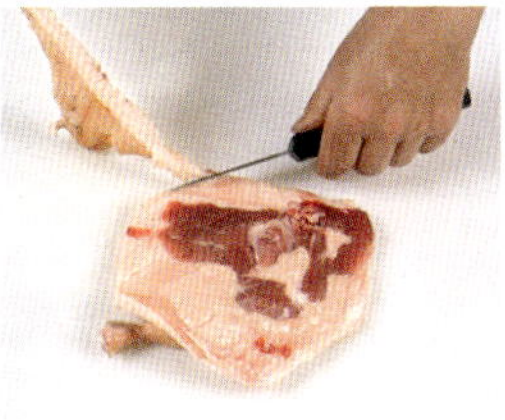

4. Cuisse prête à confire.

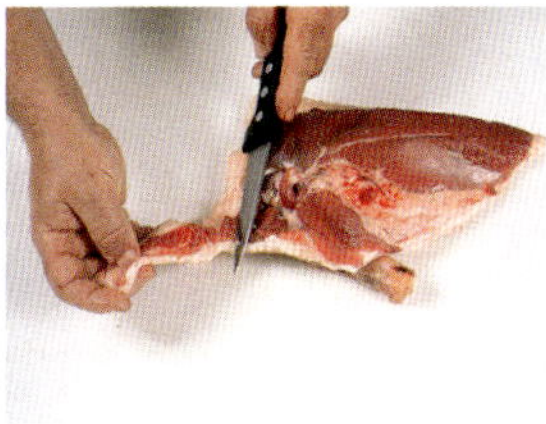

5. Aile (manchon et magret) prête à confire.

•• La carcasse démantelée

La découpe du canard s'achève à présent par le démantèlement de la carcasse. C'est une opération sans difficulté.

DIFFICULTÉ *

LE COU *(photo 1)*
Première chose à faire, lui enlever le maximum de graisse. Avec le couteau long, dégagez le cou de toutes les attaches au niveau de la carcasse et tirez dessus en tournant légèrement. Dans la foulée, « libérez » le cou au couteau si vous ne souhaitez pas l'utiliser pour la confection des rillettes. À l'autre extrémité de la carcasse, extrayez ensuite la boule de gras et de boyaux à la main et au couteau.

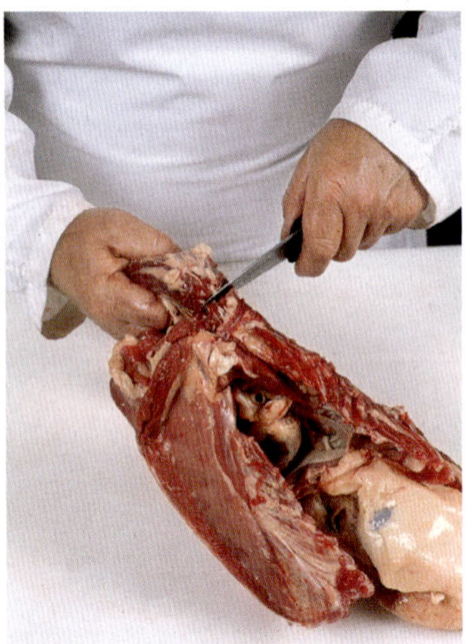

1. La libération du cou.
Au premier plan, les intestins et la graisse.

L'AIGUILLETTE *(photo 2)*
Dernier grand muscle présent sur la carcasse. Avant de le récupérer, commencez par sectionner au couteau les deux os qui tiennent le bréchet et le dos du canard (l'équivalent des clavicules). Posez ensuite la carcasse à plat, longez-la en passant l'extérieur du couteau sous l'aiguillette et aidez-vous de la main pour tirer la partie « libérée ».

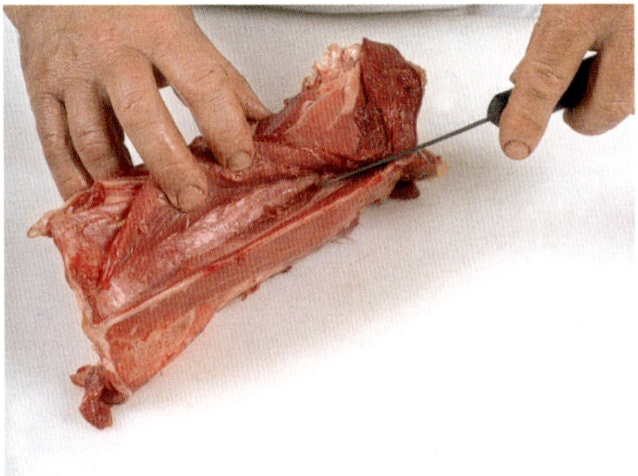

2. L'aiguillette est libérée.

LE GÉSIER *(photos 3 et 4, page 15)*
Extrayez à la main le gésier des abats et des graisses après avoir sectionné l'arrivée du tube digestif. Une fois nettoyé de sa graisse, sectionnez-le par le milieu avant de gratter la peau interne au couteau. La présence de grains de maïs est toujours un bon signe.

Enfin, découpez la graisse au niveau de l'anus du canard. Elle sera utilisée pour la cuisson des confits. Les boyaux et autres abats sont à jeter.

La découpe du canard gras – phase de boucherie la plus délicate – est alors achevée.

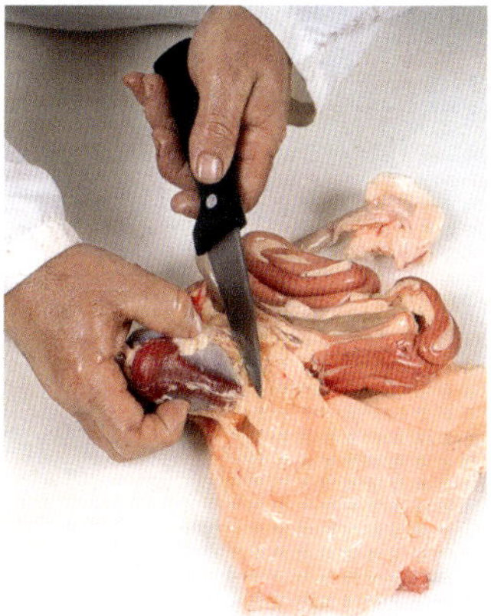

3. L'extraction du gésier.

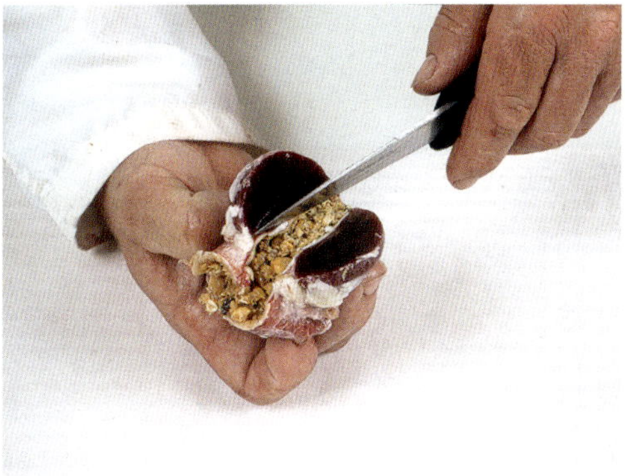

4. Le gésier ouvert.

•• Le salage

Sitôt la découpe achevée, il convient d'assurer le salage et le poivrage des morceaux de viande destinés à être confits ou transformés en rillettes.

Difficulté *

Les délais

Le salage et le poivrage consistent en fait à entreposer au frais, entre 12 et 24 h, la viande salée et poivrée dans un récipient adéquat : bassine, plat en aluminium, récipient hermétique font parfaitement l'affaire.
Une fois lavé, jetez au fond du récipient une bonne poignée de gros sel et de poivre avant d'y déposer les morceaux de canard.

Les proportions

Chaque morceau de viande doit être salé et poivré quasi individuellement selon les proportions suivantes : de 25 à 30 g de sel et 6 g de poivre par kilo de viande. Exemples : 6 g de sel et 1 g de poivre pour une cuisse de 200 g.

Les deux ailes, les deux magrets et les deux cuisses pèsent souvent un peu moins de deux kilos, 40 g de sel et 9 g de poivre suffisent alors. N'oubliez pas de mettre également le gésier à saler.

Pour les produits à rillettes, c'est-à-dire la parure (la graisse) et la peau, les proportions sont légèrement différentes : 20 g de sel et 10 g de poivre par kilo.

Attention : le cou du canard doit être impérativement dégraissé avant d'être salé et poivré à l'intérieur *(voir Le cou farci, p. 26 et 27)*.

CONSEIL

Pour éviter toute mauvaise surprise, utilisez exclusivement du sel marin sans conservateur. Attention à bien retirer l'excès de sel sur les parties à cuire.

•• Le foie gras facile

Le foie gras est la partie du canard qui se prépare avec le plus de précautions. Il doit être dénervé avant d'être cuisiné frais ou mis en conserve.

Difficulté ***

Identifier la qualité d'un foie

Dans un même lot de canards, les foies gras n'ont pas forcément la même qualité et ne pourront pas être réservés au même usage. Il convient donc, avant de faire un foie frais, un foie entier en bocal ou un pâté de foie, de déterminer sa catégorie : « extra », qualité « première » ou « tout-venant » *(photo 3)*.

Les repères

La couleur

On l'a vu, la couleur est le premier facteur déterminant de la qualité d'un foie. Trop jaune, par exemple, signifie « chargé en gras », donc n'appartenant pas à la meilleure qualité. Un tel foie ne pourra pas être cuisiné « pur », c'est-à-dire frais. À noter que la présence de taches noirâtres à l'extérieur d'un foie n'a rien d'inquiétant. Il s'agit la plupart du temps de coups portés au niveau des côtes ou de la carcasse. Il suffit d'enlever ces marques à l'aide du couteau, comme on le fait pour d'éventuelles traces vertes au niveau de la vésicule biliaire.

Le poids

Il doit être compris entre 350 et 600 g pour être classé. Un foie « extra » de plus de 600 g est automatiquement déclassé en « première catégorie ». Il en va de même pour les foies de moins de 350 g.

Le toucher

Il permet de déterminer la qualité de la pâte. Prenez le foie dans vos mains et, pour commencer, palpez sa chair au niveau du gros lobe. Ni trop dure, ni trop molle, la pâte doit être souple et marquer au doigt *(photo 1)*. L'autre opération, surtout pratiquée par les spécialistes, consiste à passer le pouce sur la partie très lisse et très fine qui se trouve à l'intérieur du gros lobe *(photo 2)*. Un autre excellent indicateur...

Les catégories

Voici les trois catégories auxquelles un foie peut appartenir *(photo 3)* :

Qualité « extra » : la meilleure. Elle ne comporte pas de défaut de couleur, sa pâte est souple et résistante à la fois. Elle ressemble à du beurre ou à de la pâte à modeler : elle ne casse pas et est très malléable. C'est elle que l'on utilise pour la conserve.

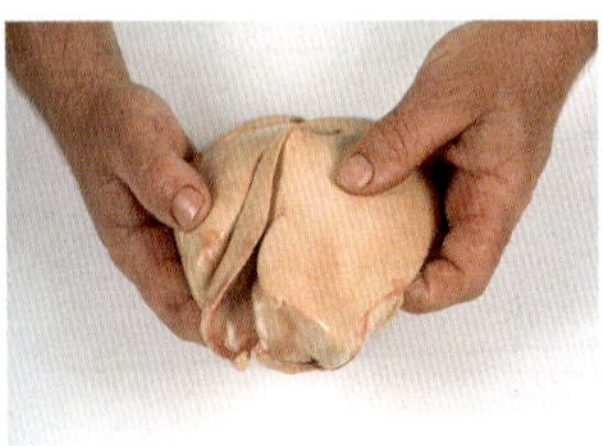

1. Le palpage extérieur d'un foie.

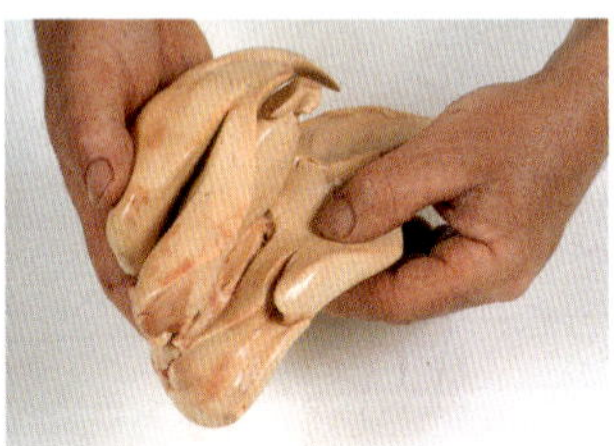

2. Le palpage intérieur d'un foie.

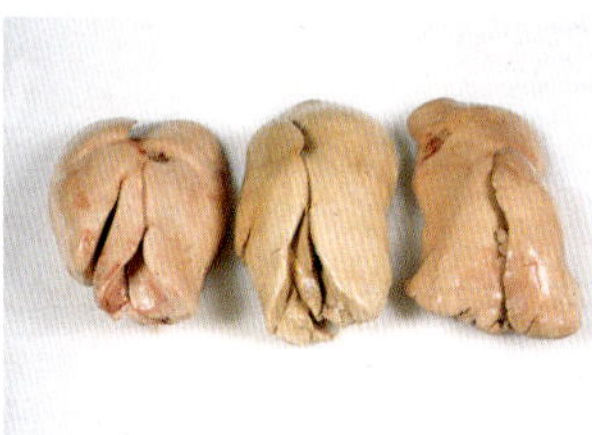

3. De gauche à droite : un foie extra, de première catégorie et un tout-venant.

« **Première » qualité** : de couleur nettement plus rosée (uniforme ou tachée), elle se caractérise par un grain sensiblement plus gros au toucher. Le foie appartenant à cette catégorie est le plus souvent destiné à être cuisiné frais.
« **Tout-venant »** : le plus souvent jaunâtre, le foie tout-venant a une pâte trop souple et passablement caoutchouteuse. On s'en sert pour la confection des pâtés de foie ou des sauces.

•• La préparation du foie

Voici la marche à suivre selon qu'on s'oriente vers la cuisine d'un foie frais ou vers sa mise en conserve.

LE FOIE FRAIS

Difficulté *

La préparation consiste essentiellement, avant de le cuisiner, à conserver le foie à basse température (bac à légumes d'un réfrigérateur) et à l'abri de l'air – sous un film plastique, un linge ou un papier absorbant – sans apport de sel, ni de poivre ou autre ingrédient. Certains préconisent de le laver ou d'enlever la fine pellicule qui le recouvre.

La conservation

Bien au frais, un foie peut se conserver 24 h, guère plus. Pour des raisons d'hygiène, veillez à ne pas dépasser ce délai.

Les escalopes

Évitez de dénerver un foie gras frais après l'avoir laissé chambrer. De très nombreuses recettes utilisent le foie gras « nature », tranché en escalopes de 5 mm à 1 cm d'épaisseur, choisies en priorité dans le gros lobe.
Truc : Sortez le foie 1 h avant de le cuisiner.

•• Le foie gras frais cuisiné

Voici quatre préparations aisément réalisables, qui satisferont les meilleurs palais.

LE FOIE EN CONSERVE

Difficulté *

Le foie entier destiné à la conserve subit : le présalage, l'apport d'ingrédients (facultatif), le repos et le dénervage.

Le salage

Une fois salé et poivré, mettez le foie dans un récipient hermétique ou une terrine dans lequel il sera ensuite conservé. Comptez 12 g de sel et 2 g de poivre par kilo de foie.
Truc : Vous pouvez utiliser du poivre blanc – efficace mais invisible – qui évite la présence de minuscules taches noires sur le foie.

Foie naturel ou amélioré ?

À ce stade, vous pouvez laisser le foie au « naturel », c'est-à-dire sans aucun apport extérieur, ou bien l'« améliorer » avec de l'alcool (cognac, armagnac, porto, jurançon, monbazillac, sauternes) ou des truffes. C'est au choix. Il suffit d'ajouter quelques gouttes ou lamelles du produit choisi, il transmettra son odeur et son goût de façon raisonnable.

CONSEIL

Mieux vaut éviter de faire « tremper » le foie dans un produit alcoolisé, le goût serait alors trop fort.

Le repos

Salé, poivré, alcoolisé ou truffé, mettez le foie au repos au frais dans un récipient hermétique, pendant environ 12 h. Il va y macérer, se libérer de ses substances acides et se bonifier avant la mise en conserve. Veillez toutefois à ne pas dépasser les 24 h de repos et évitez les différences de température. Le foie risquerait de durcir ou de fondre.

•• Le dénervage

DIFFICULTÉ ***

Le dénervage consiste à retirer les nerfs, veines et artères. Cette opération est particulièrement importante. Si le nerf principal est aisé à trouver – et donc à enlever – les vaisseaux sanguins, en revanche, doivent être recherchés à l'intérieur du foie. Il faut donc l'ouvrir au couteau et procéder par petites étapes en commençant par le gros lobe.

CONSEIL

Il y a essentiellement deux vaisseaux à enlever par lobe – le premier se situe à environ 1 cm de profondeur, le second entre 2 et 3 cm – plus un nerf sur le petit lobe.

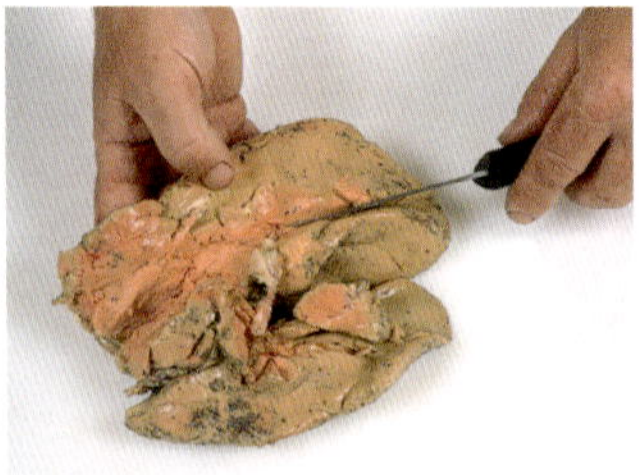

1. La recherche des vaisseaux du gros lobe.

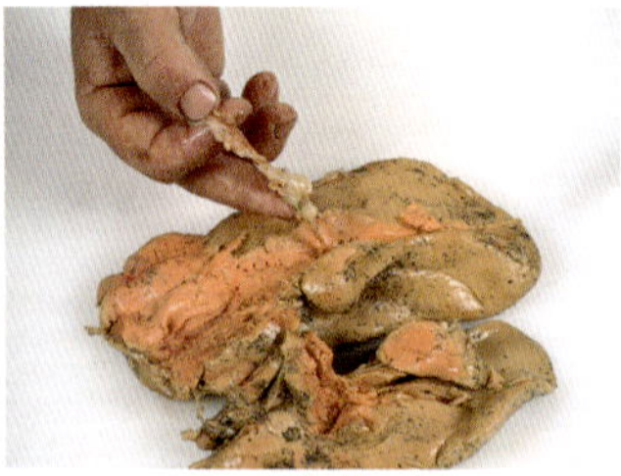

2. Le dégagement des vaisseaux principaux.

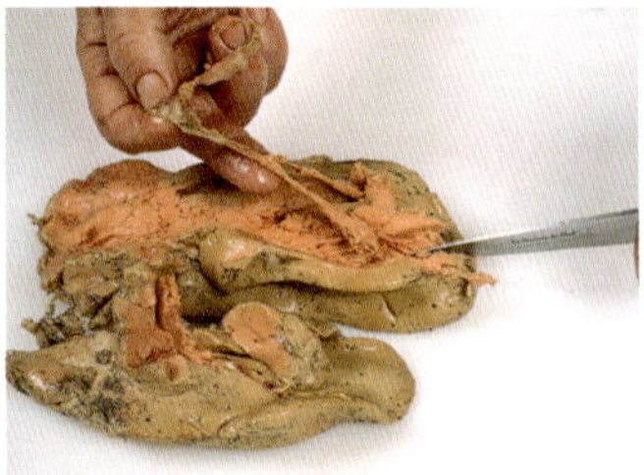

3. Les autres vaisseaux retirés.

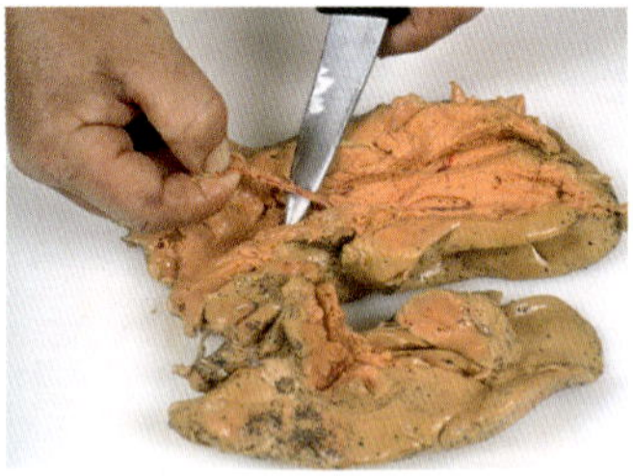

4. Vaisseaux en profondeur.

LE GROS LOBE

Le foie posé sur le flanc, partez à la recherche du vaisseau principal qui traverse le gros lobe avec le couteau à fine lame *(photo 1)*. Une première estafilade sérieuse permet d'accéder au vaisseau que vous dégagez ensuite sur la longueur *(photo 2)*.

Attention : pour ne pas le sectionner, découpez tout autour du vaisseau. Vous libérez ainsi cette première série de vaisseaux en tirant dessus et en vous aidant du couteau *(photo 3)*.

Vous allez ensuite chercher une deuxième série de vaisseaux, plus petits, implantés en profondeur dans la partie supérieure du gros lobe. N'hésitez pas à entailler le foie pour l'atteindre. Libérez-la en tirant dessus et en découpant tout autour *(photo 4, p. 18)*.

Le petit lobe

C'est lui qui, paradoxalement, est le plus délicat à dénerver car il comporte le plus d'éléments à enlever. Par conséquent il ne faut pas craindre de l'inciser.
Commencez par le vaisseau principal situé au niveau de la jointure des deux lobes. Saisissez-le entre le pouce et l'index, tirez-le et efforcez-vous de faire venir, sans les casser, ses ramifications *(photo 5)*. Pour cela, aidez-vous en découpant le foie autour. Procédez de la même manière avec le nerf, également accessible à l'extérieur du foie.

CONSEIL

Ne craignez pas, pour les premiers dénervages, de retirer du foie afin de ne pas casser les vaisseaux en les enlevant. Avec un peu de pratique, l'opération s'effectue en quelques minutes.

Le travail du foie entier est alors achevé *(photo 6)*. Il reste simplement à resserrer la pâte du foie sans vous soucier des stries faites à l'occasion du dénervage. Vous allez pouvoir passer à la mise en conserve.

Définitions

Voici, avant d'aller plus loin en besogne, les définitions les plus usuelles concernant les différents types de cuisson du foie gras :

– **Foie frais :** Il se travaille et se cuisine rapidement après la découpe.

– **Foie mi-cuit :** Préparé en boîte, en bocal ou en terrine, il a été pasteurisé mais pas stérilisé. En d'autres termes, il a subi une température moins importante (75 °C pendant 1 h) qu'un foie en conserve. Gardé à basse température (4 °C), il doit être consommé dans les 3 mois.

– **Foie cuit :** Cuit en conserve à température plus importante (au moins 105 °C), il a été stérilisé. Maintenu au frais et à l'abri des variations de température qui le durcissent ou le font fondre, il peut se conserver pendant plusieurs années.
Quant à la composition même des conserves, il existe également plusieurs formules :

– **Foie gras de canard entier :** Il est exclusivement composé d'un ou de plusieurs morceaux d'un même foie, en fonction de la capacité du récipient.

– **Bloc de foie gras de canard :** Issu de morceaux différents (souvent pris dans les qualités inférieures), le foie a été reconstitué.

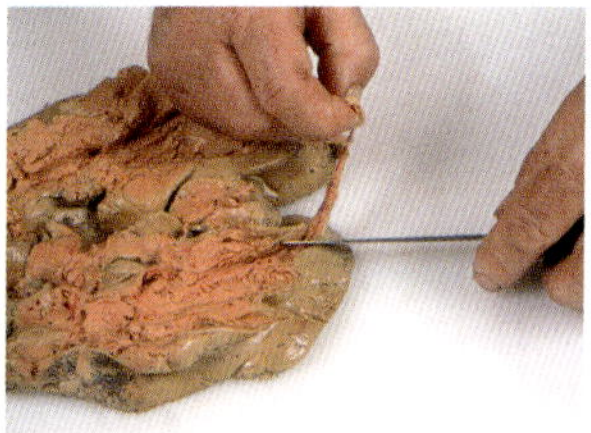

5. Le travail du petit lobe.

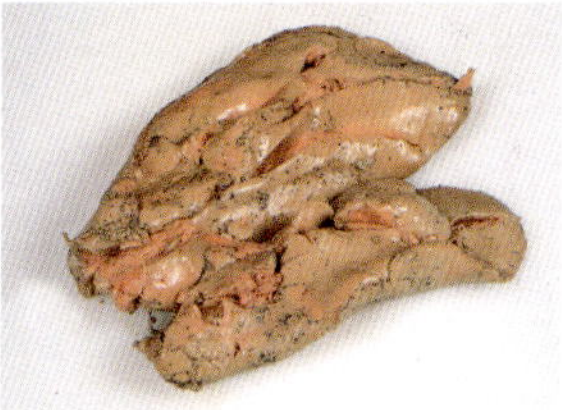

6. Le foie après dénervage.

•• La mise en conserve

Difficulté *

Il existe deux techniques de conserve : la boîte en métal et le bocal de verre. Les deux sont parfaitement efficaces.

CONSEIL

Même si la boîte possède des qualités que n'a pas le bocal (elle ne laisse pas filtrer la lumière, ce qui est un gage de bonne conservation), il est conseillé malgré tout aux particuliers d'opter pour ce dernier. On trouve, en effet, des bocaux absolument partout et, gros avantage, ils ne nécessitent pas de sertissage avant cuisson.
Deux techniques de fermeture existent : le joint de caoutchouc ou le couvercle à vis.

La contenance

Si vous avez un beau foie (de 600 g par exemple) à mettre en conserve, mieux vaut choisir deux, voire trois bocaux de 200 g pour le mettre dedans. Un seul de ces bocaux permettra de régaler quatre à cinq personnes, les autres pouvant, on l'a vu, être conservés à loisir.
N'oubliez pas de mettre du foie de côté pour confectionner quelques pâtés de foie gras.

Quel morceau choisir ?

Sélectionnez la partie supérieure du foie pour la conserve : c'est celle qui se garde le mieux. La partie inférieure, en revanche, est parfaite pour les pâtés.

La mise en bocal

Glissez le ou les lobes de foie dans le bocal en prenant soin de ne pas trop remplir ce dernier. Ne rajoutez pas de graisse, cela pourrait entraîner des problèmes au moment de la cuisson. Fermez *(photos 1 et 2)*.

La cuisson

Placé(s) dans le stérilisateur, le ou les bocaux doivent rester 1 h 30 à une température de 105 °C. Sortez-les du stérilisateur durant la phase de refroidissement (vers 80 °C environ) en n'oubliant pas d'enfiler un gant isolant.

L'étiquetage

Après avoir bien essuyé les bocaux, collez des étiquettes comportant le nom du produit, son poids et sa date de fabrication. Rangez les bocaux au frais et à l'abri de la lumière.

•• Le foie en conserve cuisiné

CONSEIL

En entrée, le foie gras cuit se déguste frais, pas froid. Il est donc nécessaire de le faire chambrer à température ambiante, comme le vin, une bonne demi-heure avant le service. Coupez-le au dernier moment avec un couteau dont la lame est chauffée à l'eau chaude et essuyée après chaque tranche. Enfin, un foie gras entier ne se tartine pas, il se savoure sur une tranche de pain de qualité légèrement grillé.

1. La mise en bocal du foie.

2. La fermeture du bocal.

•• Le pâté de foie gras

DIFFICULTÉ *

DÉFINITION : le pâté de foie *de* canard comporte autant de foie gras que de chair à pâté (porc). Au contraire du pâté au foie *au* canard qui lui comporte plus de chair à pâté que de foie.

1. Le foie posé sur un tapis de chair à pâté.

2. Le pâté de foie avant fermeture du bocal.

LES INGRÉDIENTS

Le pâté de foie réalisé ci-après est donc constitué pour moitié de foie gras et pour l'autre moitié de chair à pâté de porc. Concrètement, pour un bocal de 200 g, il faut compter 100 g de foie gras et 100 g de chair à pâté. Cette dernière est constituée de gras et de viande maigre de porc, à l'exclusion de tout autre additif. Il convient de la saler et de la poivrer à raison de 20 g de sel et 10 g de poivre par kilo.

CONSEIL

Exigez une chair à pâté sans conservateur ni sels nitriques.

LA RÉALISATION

Prenez un bocal de 200 g, lavez-le et pesez 100 g de chair à pâté. Tapissez le fond et les parois du bocal avec la moitié de la chair à pâté. Introduisez ensuite dans le bocal un morceau de 100 g de foie gras (première qualité ou tout-venant), pointe en haut *(photo 1)*. Recouvrez le foie avec le reste de la chair à pâté en veillant à laisser découverte la partie supérieure du foie *(photo 2)*. Fermez la capsule, le bocal est prêt. Reste à le stériliser.

LA STÉRILISATION

Disposez la ou les boîtes en quinconce dans le stérilisateur. Prenez soin de les caler avant de commencer la cuisson. Elle durera 2 h 30 à une température comprise entre 103 °C et 105 °C. À l'issue, videz le stérilisateur de son eau et laissez les boîtes de pâté refroidir à l'air libre.

LA CONSERVATION

Une fois étiquetée (nature du produit, composition, date de fabrication), la boîte de pâté de foie de canard peut se conserver pendant des années.

VARIANTE

LE PÂTÉ DE FOIE GRAS À LA TRUFFE

L'apport d'un morceau de truffe présenté sous forme de médaillon bonifie ostensiblement le pâté de foie gras. L'opération, qui ne présente aucune difficulté, s'effectue lors de la mise en boîte.

CONSEIL

Évitez de manger trop jeune votre pâté de foie. Âgé d'un an, il est déjà très bon, mais deux années d'ancienneté le rendent meilleur encore. De plus, l'amalgame du foie gras et de la chair à pâté ne s'accomplit qu'en vieillissant.

•• Le magret

Dans le Sud-Ouest, la tradition veut que l'on conserve les plus beaux magrets (en général ceux qui pèsent plus de 450 g) pour un usage frais.

DIFFICULTÉ *

LA CONSERVATION

Avant d'être cuisiné, un magret peut être gardé 2 ou 3 jours au frais, simplement recouvert d'un film alimentaire transparent.

LA CONGÉLATION

Elle se pratique aisément pour le magret qui se garde de 6 mois à 1 an au congélateur.

Magret strié pour la cuisson.

LA PRÉPARATION

Avant de faire cuire un magret, quadrillez au couteau le côté peau afin précisément de faciliter sa cuisson *(photo ci-dessus)*. Deux estafilades dans le sens de la longueur, une dans la largeur, permettront à la chaleur de faire fondre la graisse tout en remontant plus facilement jusqu'à la viande.

ATTENTION : les estafilades doivent être profondes, mais sans toutefois sectionner la pellicule qui sépare la peau de la chair.

TRUC : Un magret ne se sale et ne se poivre jamais avant la cuisson, mais après.

LA CUISSON

Quelle que soit la recette choisie, la cuisson du magret doit être douce. N'hésitez pas pour cela à l'arroser avec des gouttes d'eau.

Il est inutile de mettre un corps gras (huile ou beurre) dans la poêle, la graisse du magret fait l'affaire. Enfin, retenez qu'un magret ne se retourne pas plusieurs fois pendant la cuisson.

VOICI LA BONNE TECHNIQUE : comptez 10 min de cuisson pour un magret de 450 g. Mettez-le dans une poêle chaude mais pas brûlante. Commencez par faire cuire le côté peau 7 min, puis retournez le magret et faites cuire le côté chair 3 min, en arrosant la viande de temps en temps. Salez, poivrez, c'est prêt.

•• Les aiguillettes

DIFFICULTÉ *

Aiguillettes avant cuisson.

LA CONSERVATION

L'aiguillette ne se conserve guère plus de 2 jours au réfrigérateur, comme le magret. Elle peut également être congelée.

LA CUISSON

L'aiguillette se cuit comme un bifteck : avec une poêle très chaude qui saisit la viande. Attention, compte tenu du faible volume de ce muscle, le temps de cuisson ne dépasse guère 2 à 3 min.

•• Les confits

Confire une viande consiste à la faire cuire dans de la graisse. Outre le fait de pouvoir la conserver dans d'excellentes conditions, cette technique très ancienne valorise la viande comme nulle autre. Chaque morceau du canard peut être confit.
Dans la pratique, on se limite surtout aux ailes (sur lesquelles on laisse le magret), aux cuisses, au cœur et au gésier.

DIFFICULTÉ *

Aile confite sortie de la marmite.

LA CUISSON

Identique pour tous les confits, elle consiste à plonger les morceaux de viande dans une marmite en fonte ou un faitout rempli de graisse de canard. Portez à ébullition la graisse de canard. Éventuellement, vous pouvez ajouter dans la marmite quelques légumes et aromates *(voir p. 50, Confit corrézien)*. Lorsque la graisse bouillonne, ajoutez la viande et faites-la confire à feu doux pendant environ 2 h, en prenant soin de remuer de temps à autre avec une grande spatule de bois. Couvrez aux trois quarts. Une fois la viande cuite, mettez-la à égoutter.

LA MISE EN BOCAL

Une fois confits, mettez les morceaux en bocal. L'aile confite (manchon et magret), assez volumineuse, nécessite un bocal de 1 litre et de 10 cm de diamètre, avec une ouverture suffisamment large pour faciliter l'introduction et la sortie des morceaux *(photo 1)*.
Pour une cuisse, un bocal d'une contenance de 1/2 litre fait l'affaire. Pour les gésiers et cœurs confits, des bocaux de 1/4 litre suffisent. Attention : lors de l'introduction dans le bocal, serrez le ou les morceaux confits. Complétez ensuite le bocal de graisse liquide tiède puisée dans la marmite ou le faitout *(photo 2)*. Veillez à ne pas remplir le bocal à ras bord.

LA STÉRILISATION

L'élimination des bactéries passe, on le sait, par la stérilisation des bocaux. Disposez-les en quinconce dans le stérilisateur (pour éviter les chocs pendant la cuisson), et maintenez-les pendant 1 h à 1 h 15 à une température de 105 °C. Ensuite, sortez-les avec précautions pendant la phase de refroidissement (enfilez des gants anti-brûlures) à 80 °C environ. Essuyez-les une dernière fois pour enlever toute trace de graisse et pour éviter tout phénomène de rouille au niveau de la fermeture. Cette opération nécessite la dépose et l'essuyage de chaque couvercle.

1. Aile mise en bocal.

2. Le complément de graisse.

LA CONSERVATION

Une fois étiquetés, les confits peuvent être rangés. Consommables de suite, ils se conservent plusieurs années à l'abri de la lumière et à température constante.

•• Les rillettes

La graisse, la peau et la viande encore non utilisées entrent toutes dans la composition des célèbres rillettes de canard.
Plus charnues et plus moelleuses que celles de porc, elles font le bonheur des pique-niqueurs avertis.

DIFFICULTÉ **

LES PROPORTIONS

Sur les 6 kg d'un canard gras moyen environ 1,5 à 2 kg peuvent être utilisés à la réalisation de rillettes. Après la cuisson, et du fait de la fonte des graisses, on en tire grosso modo deux boîtes.
Par ailleurs, les rillettes de bonne facture comportent plus de la moitié de viande afin de ne pas être trop grasses. Voilà pourquoi il convient de récupérer le maximum de viande (cou, aiguillette, manchon, carcasse...).

Dernière précision liminaire : les rillettes de canard doivent exclusivement être réalisées avec du canard. Pas question d'y adjoindre d'autres viandes ou graisses.

TRUC : Pour faire plusieurs boîtes de rillettes sans acheter pour autant plusieurs canards, vous pouvez vous procurer de la parure (graisse), de la peau, des abats ou des manchons auprès des producteurs artisanaux.

LA PRÉPARATION

La peau et la graisse ont été salées et poivrées après la découpe du canard *(voir Le salage, p. 15)*. Taillez-les en lamelles d'environ 5 mm, puis recoupez-les en cubes ou passez-les au hachoir à gros trous *(photos 1 et 2)*. Mettez-les ensuite dans une marmite avec les morceaux maigres (viandes : *photo 3, p. 25*).

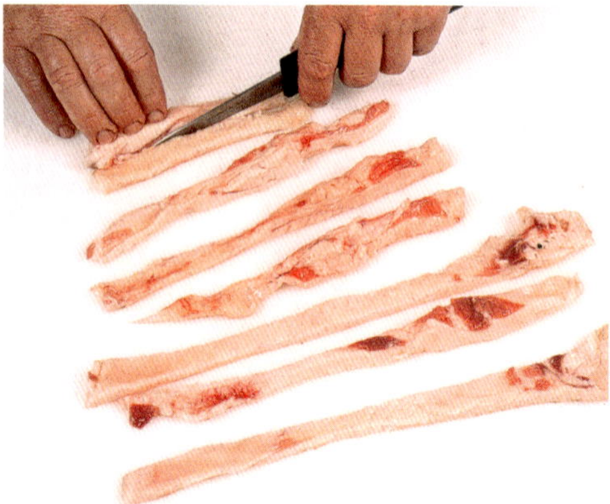

1. *Parure découpée en lamelles.*

2. *Parure passée au hachoir.*

CONSEIL

Ne découpez jamais la peau ou la parure sur une planche de bois. Vous risqueriez en effet d'écorcher la fibre et d'amalgamer des fragments de bois dans les rillettes. De plus, chaque incision dans le bois favorise l'introduction de bactéries et de microbes.

La cuisson

Traditionnellement, rillettes et confits sont cuits ensemble. Seule différence, les produits « rillettes » cuisent sensiblement plus longtemps. Le temps de cuisson minimum est de 3 h, mais il peut être prolongé sans aucun problème.

La mise en boîte

Une fois cuit, le maigre de la rillette doit être récupéré. Pour ce faire, sortez les os et les carcasses et grattez tous les petits morceaux de viande. Sans difficulté, l'opération peut néanmoins paraître fastidieuse. Il faut surtout veiller à ne pas laisser de bouts d'os après la viande.
Égouttez ensuite les petits cubes de graisse extraits de la marmite et mélangez-les à la viande. Cela donne naissance à une pâte chaude à laquelle vous pouvez, si nécessaire, ajouter de la graisse afin de la rendre plus moelleuse. Mais pas question d'ajouter d'autres condiments. Veillez à bien respecter les proportions : plus de maigre que de gras. Ensuite vous pouvez procéder au remplissage, toujours à chaud, des bocaux (200 g). Dès que la graisse refroidit, elle redevient compacte. Garnissez-les en laissant une marge de sécurité en haut *(photo 4)*, fermez-les, essuyez-les et placez-les dans le stérilisateur. Durée de la cuisson : 1 h 30 à 103-105 °C. Après refroidissement, essuyez les bocaux, étiquetez-les puis rangez-les.

CONSEIL

Contrairement au pâté de foie, les rillettes peuvent être consommées quasi fraîches. Il est d'ailleurs inutile de les laisser vieillir, elles risqueraient, à terme, de rancir.
Une fois ouvert, le bocal de rillettes doit être fini rapidement, les rillettes ne supportant guère les séjours prolongés au réfrigérateur.

3. Les viandes pour rillettes à la marmite.

4. La mise en bocal des rillettes.

•• Le cou farci

DIFFICULTÉ *

LA PRÉPARATION

Commencez par le dégraisser *(photo 1)* : retournez-le à l'envers, exactement comme une chaussette ou un gant, puis découpez au couteau la graisse située dans la partie supérieure. Une opération qui ne dure guère plus de 2 à 3 min.

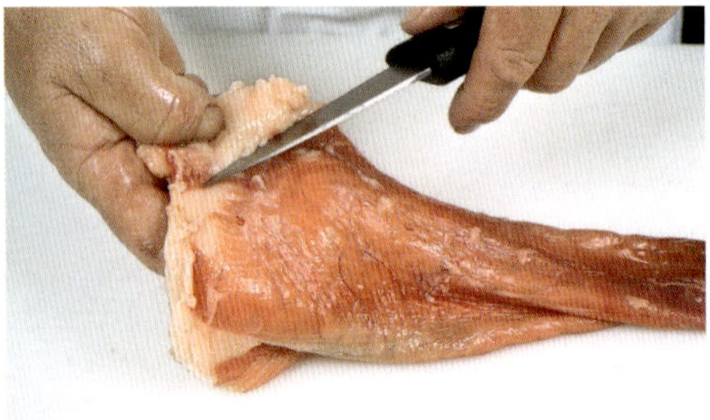

1. Dégraissage du cou.

LA GARNITURE

Remettez le cou à l'endroit et cousez l'extrémité étroite avec une aiguille de ménagère et du fil de cuisine *(photo 2)*. Farcissez-le ensuite avec 500 g de chair à pâté salée et poivrée *(photo 3)*.

CONSEIL

Pour éviter de percer ou de couper la peau, ce qui rendrait impossible sa garniture de farce, étalez-le au maximum pour empêcher la formation de plis.

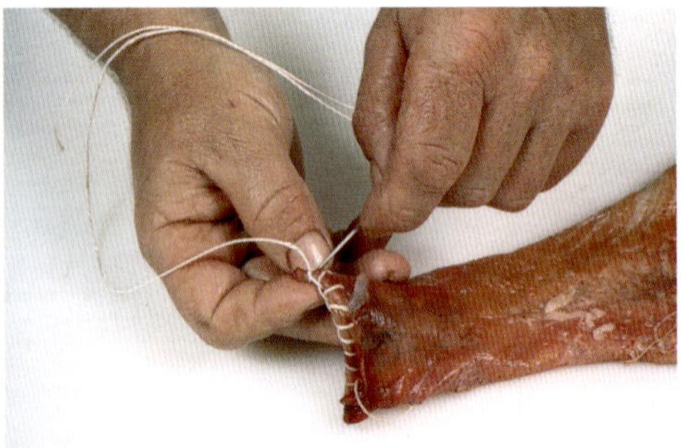

2. Couture du cou.

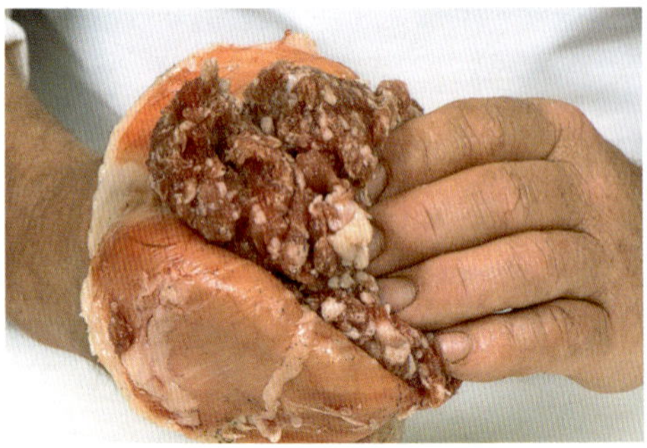

3. Remplissage du cou.

Cousez l'autre extrémité et mettez le cou farci à cuire dans la graisse en même temps que les confits, rillettes, gésiers… *(photos 4 et 5)*. Durée de la cuisson : 1 h 30.

LA MISE EN BOCAL

Mettez le cou farci cuit dans un bocal de 1 litre. Recouvrez-le de graisse avant de refermer et mettez-le dans le stérilisateur 1 h 30 à 105 °C. Après refroidissement, essuyez, étiquetez puis rangez le bocal à l'abri de la lumière.

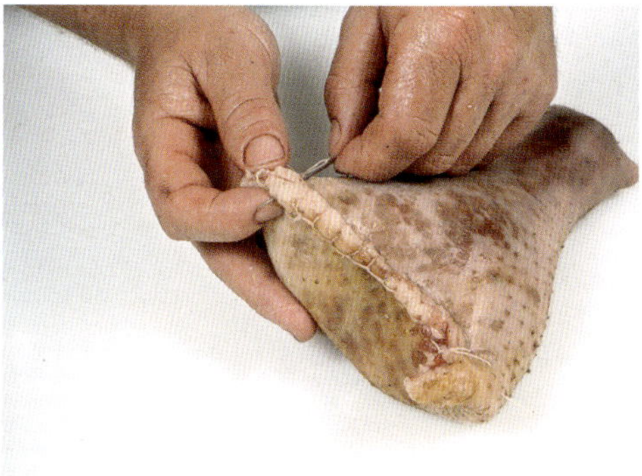

4. La fermeture du cou farci.

5. Le cou farci dans la marmite.

•• La carcasse

Contrairement à celles d'autres volatiles, la carcasse du canard est un morceau très prisé : la viande accrochée à ses os peut être utilisée pour faire des rillettes ou cuisinée de belle manière.

La séparation

Difficulté *

Composée d'une partie supérieure (celle où le cou est accroché qui correspond au dos) et d'une partie inférieure (les côtes et le bréchet), la carcasse doit être ouverte pour être travaillée. L'opération consiste à glisser la lame du couteau entre l'os qui assure la fermeture des deux carcasses ; on les sépare ensuite en coupant le muscle et les nerfs.

Si vous souhaitez utiliser une ou plusieurs carcasses pour faire des rillettes, sectionnez la partie inférieure en quatre morceaux afin d'obtenir une meilleure cuisson ultérieure : le cou est coupé par le milieu *(photo 1)*, de même que le reste de la carcasse inférieure *(photo 2)*. Tous ces morceaux finiront dans la marmite ou le faitout de graisse bouillonnante *(voir Les rillettes, p. 24)*.

Attention à ne pas enlever le cœur accroché dans la partie supérieure, il sera cuit et confit avec les autres morceaux.

Non utilisée pour les rillettes, la carcasse peut être cuisinée avec bonheur.

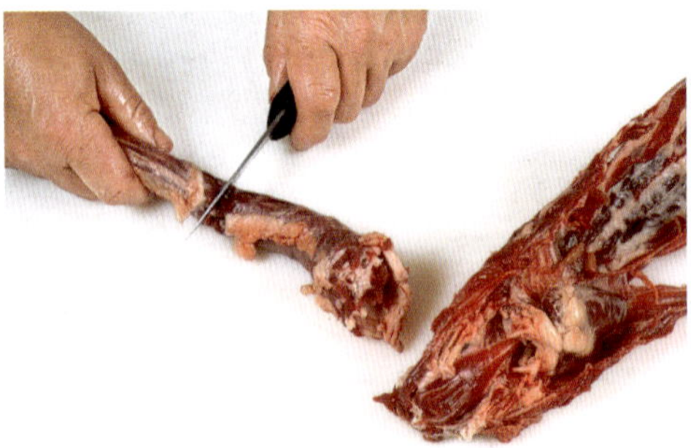

1. Le cou coupé en deux.

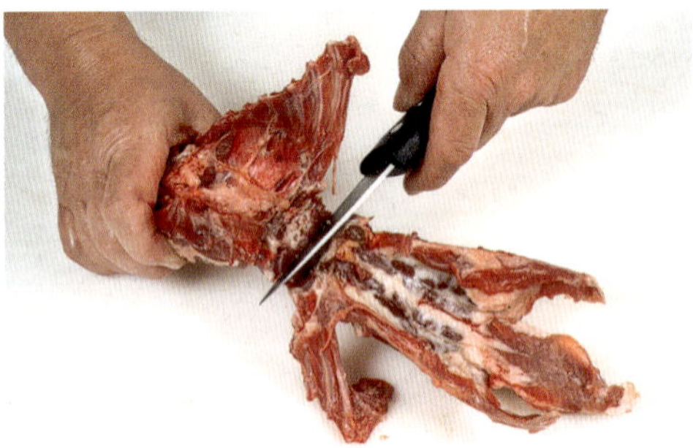

2. La carcasse inférieure coupée en deux.

•• Les derniers morceaux

DIFFICULTÉ *

LE CŒUR

Son sort est identique à celui du gésier *(voir photo ci-dessous)*.
Une fois confit, le cœur peut se mettre en bocal dans les mêmes conditions.

Mise en bocal des cœurs.

LES AILES ET LES CUISSES

Bien que cela ne soit pas courant, ces deux morceaux peuvent se cuisiner frais. Cuits au four, il faut simplement faire attention à enlever l'excès de graisse afin d'éviter tout risque (bien réel) d'incendie.

CONSEIL

Bien que cela soit techniquement possible, un canard gras – même sans foie – ne se cuit que très rarement au four. En tout cas, surveillez avec attention l'excès de graisse, là aussi il y a en effet risque d'incendie.

LE GÉSIER

Faites confire le gésier, ou plutôt les gésiers, car mieux vaut en avoir plusieurs, dans la marmite avec les autres viandes pendant 2 h. Puis mettez-les à leur tour en bocal (200 g). Égouttez bien, introduisez à chaud, recouvrez de graisse et refermez le bocal que vous stériliserez pendant 1 h 30 à 105 °C.

Les gésiers mis en bocal.

Foie gras au raisin

Pour **6 personnes** – Préparation : **30 minutes** – Cuisson : **8 à 10 minutes**

- 6 escalopes de foie gras
- Farine
- 50 g de beurre
- 500 g de raisin (muscat de préférence)
- 6 têtes de champignons de Paris nettoyées
- 5 cl d'armagnac
- 25 cl de bouillon de volaille préparé avec un cube
- 2 cuil. à soupe de crème fraîche
- 6 bouchées en pâte feuilletée
- 6 lamelles de truffe
- Sel, poivre du moulin

1 Passez les escalopes dans la farine. Faites fondre 25 g de beurre dans une poêle et faites dorer les escalopes à feu doux, de 4 à 5 min de chaque côté. Retirez-les de la poêle et réservez-les au chaud.

2 Dans la graisse de cuisson des escalopes, faites revenir les grains de raisin préalablement pelés et épépinés.

3 Faites fondre le reste du beurre dans une autre poêle. Ajoutez les têtes de champignons et faites-les étuver quelques minutes avant de les flamber à l'armagnac.

4 Versez ensuite le bouillon de volaille, ajoutez la crème fraîche, salez, poivrez et remuez le tout avec une spatule.

5 Dressez les bouchées sur un plat rond, remplissez-les avec la sauce des champignons. Répartissez autour les escalopes et les grains de raisin.

6 Posez sur chaque escalope une tête de champignon, nappez-les de sauce et surmontez-les d'une lamelle de truffe. Servez très chaud.

Le bon accord

Un vin blanc moelleux : graves, sauternes, barsac, vouvray, jurançon, gewurztraminer.

Terrine au foie de canard à l'ancienne

Pour **6 personnes** – Préparation : **20 minutes** – Cuisson : **1 heure 30**

- 1 foie de canard de 450 à 600 g (qualité « extra » ou « première », voir p. 16, 17)
- 1 pincée de cannelle
- 1 pincée de noix muscade
- 1,2 kg de chair à pâté pas trop grasse
- 5 cl d'armagnac
- 1 crépine de porc
- 1 feuille de laurier
- Sel, poivre du moulin

1 Nettoyez le foie gras cru, séparez les lobes, salez, poivrez, ajoutez la cannelle et la noix muscade.

2 Faites préchauffer le four à 220 °C (th. 7/8). Salez, poivrez la chair à pâté et parfumez-la avec l'armagnac.

3 Tapissez une terrine avec la crépine de porc. Déposez au fond la feuille de laurier. Emplissez-la avec la moitié de la chair à pâté, déposez le foie dessus, tassez avec précautions, puis recouvrez avec le reste de la chair à pâté. Rabattez la crépine.

4 Glissez la terrine (sans la couvrir) dans le four et faites cuire pendant 1 h 30 en ayant soin d'enlever régulièrement l'excédent de graisse qui se forme à la surface.

5 Sortez la terrine du four, couvrez-la et laissez-la refroidir à température ambiante.

Le bon accord

Un vin blanc moelleux : graves, sauternes, barsac, monbazillac, jurançon.

Foie gras confit

Pour **6 personnes** – Préparation : **20 minutes** – Cuisson : **1 heure**
Repos du foie : **12 heures** + **6 heures**

- 1 beau foie gras
(qualité « extra » ou « première »)
- 2 kg de graisse de canard
- Sel, poivre du moulin

1 La veille, préparez le foie : dénervez-le (voir p. 18), salez-le, poivrez-le et laissez-le reposer toute la nuit au frais sous un film transparent.

2 Faites fondre la graisse de canard à feu doux dans une grande casserole. Plongez-y le foie et faites-le cuire doucement (à 70 °C maximum : à contrôler avec un thermomètre à yaourt) pendant 1 h.

3 Retirez le foie précautionneusement, dégraissez-le avec du papier absorbant puis laissez-le refroidir.

4 Placez le foie dans une terrine hermétiquement close et laissez-le reposer au moins 6 h au réfrigérateur. Dégustez-le ensuite dans les 48 h.

Le bon accord
Un vin blanc moelleux : graves, sauternes, barsac, monbazillac, jurançon.

Foie gras à la reinette

Pour **6 personnes** – Préparation : **30 minutes** – Cuisson : **8 à 10 minutes**

- 1 kg de pommes reinettes
- 150 g de beurre
- 2 foies gras de canard
- Noix muscade râpée
- Farine
- 6 tranches de pain de mie de la taille des escalopes
- Cognac ou madère
- Sel, poivre du moulin

1 Pelez les pommes, retirez le cœur et les pépins. Émincez-les. Faites-les dorer quelques minutes à feu doux dans une sauteuse avec 110 g de beurre.

2 Tranchez six escalopes dans les foies gras. Salez-les, poivrez-les et poudrez-les d'un soupçon de noix muscade avant de les passer dans la farine.

3 Mettez à fondre 25 g de beurre dans une poêle et faites revenir les escalopes à feu doux de 4 à 5 min de chaque côté.

4 Faites fondre séparément le reste du beurre puis dorez les tranches de pain de mie des deux côtés.

5 Disposez les tranches de pain sur un plat de service et déposez sur chacune d'elles une escalope. Arrosez de quelques gouttes de cognac ou de madère. Ajoutez les pommes. Servez très chaud.

Le bon accord

Un vin blanc moelleux : graves, sauternes, barsac, monbazillac, vouvray.

Omelette au foie gras

Pour **4 personnes** – Préparation : **10 minutes** – Cuisson : **15 minutes**

- 200 g de foie gras en bocal
- 8 œufs frais
- 25 g de beurre
- Quelques lamelles de truffe
- Sel, poivre du moulin

1 Coupez le foie gras en cubes.

2 Battez les œufs en omelette. Ajoutez les cubes de foie gras. Salez et poivrez.

3 Faites fondre le beurre dans une poêle à feu vif. Saisissez le mélange, puis réduisez le feu et poursuivez la cuisson à feu doux, pour que l'omelette reste baveuse, pendant 15 min. Ajoutez les lamelles de truffe au bout de 10 min de cuisson.

4 Retournez l'omelette et servez-la sans attendre.

Le bon accord

Un vin blanc de Loire : sancerre, menetou-salon, reuilly.

Truc

Gardez les œufs au contact de la truffe pendant 24 h dans un bocal, l'omelette n'en sera que meilleure.

Foie gras en crépine de laitue

Pour **6 personnes** – Préparation : **10 minutes** – Cuisson : **2 minutes**

- 2 laitues
- 1 bocal de 200 g de foie gras de canard au naturel
- 2 1/2 cuil. à café de graisse de canard

1 Nettoyez les laitues, ne gardez que les grandes feuilles vertes. Lavez-les, puis épongez-les avant d'en retirer les grosses nervures au couteau.

2 Faites bouillir 2 litres d'eau dans un faitout, plongez-y les feuilles de laitue. Comptez 1 min après la reprise de l'ébullition puis posez le faitout dans l'évier et laissez les feuilles refroidir sous un filet d'eau froide. Égouttez-les soigneusement.

3 Découpez le foie gras en petits dés.

4 Disposez 4 feuilles de laitue en rosace sur le plan de travail de manière à ce qu'elles se touchent au centre. Répartissez dessus quelques dés de foie. Repliez les feuilles, qui font office de crépine, sur la garniture. Opérez de même pour les autres crépines.

5 Préchauffez le four à 230 °C (th. 8/9). Rangez les crépines dans un plat à four préalablement badigeonné de graisse de canard. Recouvrez les crépines d'un soupçon de graisse.

6 Enfournez le plat et faites cuire 2 min au maximum. Servez en accompagnement d'une viande blanche (côte de veau aux cèpes, par exemple).

Le bon accord

Un vin blanc sec (pouilly-fumé, sylvaner) ou rouge (beaujolais, bourgueil, chinon).

Tagliatelles au foie gras

Pour **6 personnes** – Préparation : **8 minutes** – Cuisson : **20 minutes**

- 100 g de foie gras cuit + 2 cuil. à soupe de foie gras réduit en purée à la fourchette
- 2 litres de lait
- 50 g de beurre
- 300 g de tagliatelles
- 50 g de crème fraîche
- 100 g de parmesan
- Sel, poivre du moulin

1 Coupez le foie gras en cubes.

2 Salez, poivrez le lait et ajoutez le beurre. Portez-le à ébullition dans un faitout ou une grande casserole.

3 Jetez-y les pâtes. Couvrez après la reprise de l'ébullition et maintenez 15 min à une température de 80 °C (à contrôler avec le thermomètre à yaourt). Égouttez les tagliatelles en recueillant le lait.

4 Incorporez au lait la crème fraîche et la purée de foie gras. Refaites bouillir 2 min et réintégrez les pâtes pendant 4 min. Égouttez-les.

5 Dressez les pâtes sur un plat, ajoutez les cubes de foie gras et le parmesan. Servez chaud.

Le bon accord

Un vin rouge : saint-émilion, graves, pomerol, côte de beaune, côte rôtie.

Pâté de foie gras demi-lune

Pour **6 personnes** – Préparation : **3 minutes**

- 2 boîtes de pâté de foie gras
- Quelques feuilles de salade
- Quelques tomates cerises

1 Sortez les pâtés de leurs boîtes, posez-les sur le petit côté du plat de service.

2 Coupez chaque pâté en deux dans le sens de la longueur, puis ouvrez-les comme un livre, en demi-lune. Ainsi présentés, les pâtés offrent à l'œil un appétissant liseré jaune (l'excédent de graisse du foie), un autre de chair, puis le foie en médaillon.

3 Agrémentez la présentation de feuilles de salade et de tomates cerises.

Le bon accord

Un vin blanc frais : pacherenc.

Magret poêlé à l'échalote

Pour **6 personnes** – Préparation : **2 minutes** – Cuisson : **10 minutes**

- 2 échalotes
- 2 magrets frais d'environ 500 g chacun
- 1 cuil. à soupe de vinaigre de vin
- Sel, poivre du moulin

1 Pelez et émincez les échalotes.

2 Quadrillez au couteau le côté peau des magrets comme indiqué p. 22.

3 Dans une poêle chaude mais pas brûlante, faites cuire les magrets à sec, côté peau dessous, pendant 7 min. N'hésitez pas à vider la graisse excédentaire.

4 Retournez les magrets et faites cuire le côté viande pendant 3 min. Un peu avant la fin de la cuisson, ajoutez les échalotes. Salez et poivrez.

5 Faites glisser les magrets sur un plat, arrosez-les de vinaigre et recouvrez-les d'une feuille de papier d'aluminium. Au moment de servir découpez-les en tranches de 2 cm.

Conseil

Le magret aux échalotes se marie parfaitement avec une salade aux noix ou des pommes de terre confites dans de la graisse de canard.

Le bon accord

Un vin rouge : madiran, pauillac, saint-estèphe, pécharmant, clos de vougeot, crozes-hermitage.

Magret de canard à la braise

Pour **6 personnes** – Préparation : **1 minute** – Cuisson : **8 minutes**

- 2 magrets d'environ 500 g chacun
- Sel, poivre du moulin

1 Quadrillez au couteau le côté peau des magrets comme indiqué p. 22.

2 Déposez les magrets sur le gril du barbecue à 10 cm des braises et faites-les cuire 6 min côté peau et 2 min côté chair. Pour vérifier la cuisson, soulevez la partie exposée au feu avec une fourchette. Salez et poivrez. Servez les magrets émincés en tranches de 2 cm.

Le bon accord

Un vin rouge : bergerac, gaillac, madiran, graves, pomerol.

Aiguillettes normandes

Pour **3 personnes** – Préparation : **2 minutes** – Cuisson : **4 minutes**

- 2 cuil. à soupe de beurre mou
- 6 aiguillettes (2 par personne)
- 2 cuil. à soupe de crème fraîche
- Sel, poivre du moulin

1 Faites fondre le beurre dans une poêle posée sur feu vif. Jetez-y les aiguillettes et faites-les cuire 4 min en les retournant deux fois. Ajoutez la crème fraîche pour les adoucir, salez, poivrez et servez.

À savoir

Rosé, alors que l'extérieur est saisi, le cœur de l'aiguillette met en valeur le triple goût « noisette-raisin-pain d'épice » du canard.

Le bon accord

Un margaux, un pauillac ou un crozes-hermitage.

Aiguillettes à la braise

Pour **3 personnes** – Préparation : **2 minutes** – Cuisson : **2 minutes**

- 6 aiguillettes (2 par personne)
- Sel, poivre du moulin

1 Déposez les aiguillettes sur le gril – très propre – du barbecue, à 7 cm d'un lit de braises vigoureuses. Faites-les cuire pendant 2 min. Salez, poivrez et servez saignant de préférence.

Le bon accord

Un vin rouge : madiran, pécharmant ou roussillon.

Conseil

Hormis le couple sel-poivre, n'ajoutez aucun ingrédient supplémentaire (huile d'olive, épices, etc.). Les aiguillettes se suffisent parfaitement à elles-mêmes.

Confit corrézien

Pour **6 personnes** – Préparation : **5 minutes** – Cuisson : **2 heures** minimum

- 2 carottes
- 1 oignon
- 3 clous de girofle
- Graisse de canard (la quantité dépend du volume de viande à confire)
- Viande à confire (aile, cuisse...)
- 1 bouquet garni (thym, laurier)

1 Pelez les carottes et coupez-les en gros morceaux. Pelez l'oignon et piquez-le de clous de girofle.

2 Mettez la graisse de canard dans une marmite en fonte ou un faitout et portez à ébullition. Ajoutez la viande à confire, les carottes, l'oignon et le bouquet garni. Inutile de saler et de poivrer, la viande l'est déjà. Laissez cuire à feu très doux pendant au minimum 2 h.

À savoir

Cette recette est très prisée dans la Corrèze périgourdine, la cuisson au feu de bois conférant aux ailes et aux cuisses confites un parfum inimitable.

Le bon accord

Un vin rouge : bergerac, gaillac, graves, saint-émilion.

Confit de canard en piperade

Pour **6 personnes** – Préparation : **1 heure** – Cuisson : **1 heure**

- 1 aile et 1 cuisse de confit de canard
- 8 à 10 tomates
- 2 oignons
- 250 g de piments longs et doux
- 2 cuil. à soupe de graisse de canard
- 1 pincée de sucre
- 25 cl bouillon de volaille préparé avec un cube
- 2 cuil. à soupe de crème fraîche

1 Ébouillantez les tomates, pelez-les, épépinez-les et coupez leur chair en dés. Pelez et émincez les oignons. Équeutez les piments et coupez-les en deux dans le sens de la longueur.

2 Faites fondre la graisse de canard dans une poêle, faites blondir les oignons, ajoutez les piments puis les tomates et le sucre. Faites cuire longuement et à feu doux jusqu'à obtenir une légère consistance avant d'ajouter le bouillon et la crème fraîche.

3 Allumez le four à 180 °C (th. 6). Mettez les morceaux de confit dans un plat et faites-les chauffer au four dans leur propre graisse, en ayant soin d'en éliminer l'excédent. Mangez-les accompagnés de piperade.

Le bon accord

Un vin rouge du Béarn, un médoc ou un saint-émilion.

Soupe de carcasse

Pour **6 personnes** – Préparation : **5 minutes** – Cuisson : **2 heures** minimum

- 1 ou 2 poireaux
- 1 ou 2 carottes
- 3 ou 4 navets
- 1 branche de céleri
- 1 oignon blanc
- 3 ou 4 clous de girofle
- 1 ou plusieurs carcasses de canard
- Sel, poivre du moulin

1 Portez à ébullition une marmite ou un faitout d'eau. Au premier bouillon, jetez-y les légumes préalablement pelés et coupés en morceaux, l'oignon piqué de clous de girofle, salez et poivrez.

2 Plongez la ou les carcasse(s) coupée(s) en morceaux dans la marmite et laissez cuire le plus longtemps possible à feu doux (comptez 2 h au minimum avec une marmite, un peu moins avec une cocotte-minute).

Conseil

Une fois cuite, la soupe se mange en deux temps :
D'abord les carcasses : la viande présente sur les os est particulièrement fine, souple et goûteuse. Après avoir mis une pincée de gros sel, on la picore avec la pointe d'un couteau ou d'une fourchette et on la mange avec de la moutarde douce et de jeunes cornichons.
Bouillon et légumes sont dégustés ensuite.

Le bon accord

Un vin rouge de Loire : sancerre, bourgueil, anjou.

Salade gaillarde

Pour **6 personnes** – Préparation : **25 minutes** – Cuisson : **10 secondes**

- 1 salade frisée
- 1 échalote
- 1 cuil. à soupe de moutarde violette (spécialité de Brive-la-Gaillarde)
- 1 cuil. à soupe de vinaigre de vin
- 50 g de noix tendres hachées
- 1 cuil. à soupe d'huile de noix
- 150 g de rillettes de canard
- Sel, poivre du moulin

1 Nettoyez, lavez puis essorez la salade.

2 Épluchez l'échalote et hachez-la très finement. Mélangez-la dans un saladier avec la moutarde violette, le vinaigre, du sel, du poivre et les noix. Ajoutez l'huile, puis la salade.

3 Faites chauffer une petite poêle, versez-y les rillettes. Remuez-les 10 secondes sur feu vif avec une spatule en bois, puis déposez-les brûlantes sur la salade. Tournez celle-ci vivement et servez-la sans attendre avec un confit de canard.

Le bon accord
Un vin rouge : cahors, bergerac, mille-et-une-pierres (vin du sud de la Corrèze).

Crêpes de sarrasin aux rillettes de canard

Pour **6 personnes** – Préparation : **1 heure 45** – Cuisson : **10 minutes**

- 250 g de farine de sarrasin
- 100 g de farine de blé
- 1/2 cube de levure de boulanger
- 1 pincée de sel
- 2 cuil. à soupe d'huile + huile pour les crêpes
- 2 œufs
- 3 boîtes de rillettes de 200 g

1 Mettez les deux farines, la levure, le sel, l'huile et les œufs dans une grande jatte. Travaillez le tout avec une spatule en versant peu à peu 1 litre d'eau. Mélangez bien pour éviter les grumeaux. Vous devez obtenir une pâte liquide comme une pâte à crêpe. Laissez reposer 1 h 30 à température ambiante.

2 Badigeonnez le fond d'une poêle avec un peu d'huile. Lorsque la poêle est chaude, versez une louche de pâte en inclinant la poêle pour bien l'étaler. Retournez la crêpe lorsque le dessus est doré. Confectionnez ainsi 12 à 18 crêpes. Réussies, elles ont l'apparence de dentelles.

3 Étalez les rillettes de canard dans le milieu d'une crêpe, pliez-la en deux, roulez-la et sectionnez-la en plusieurs morceaux. Répétez l'opération pour les autres crêpes. Servez-les en apéritif, chaudes ou froides.

Le bon accord
Un vin blanc de Loire.

Cou farci poêlé

Pour **6 personnes** – Préparation : **1 minute** – Cuisson : **15 minutes**

- 2 cous farcis (voir p. 26, 27)

1 Faites cuire les cous à sec, dans une poêle à feu doux pendant 15 min. Régulièrement tournée, la peau va dorer pendant que fond l'excédent de graisse.

Le bon accord
Un vin rouge : saint-émilion, pauillac, pessac-léognan.

Cou farci à l'oseille

Pour **6 personnes** – Préparation : **10 minutes** – Cuisson : **20 minutes**

- 1,5 kg d'oseille
- 50 g de beurre
- 2 gousses d'ail, 1/2 bouquet de persil
- 12,5 cl de crème fraîche
- 2 cous farcis (voir p. 26, 27)
- Sel, poivre du moulin

1 Ôtez les côtes de l'oseille, lavez-la avant de la blanchir dans de l'eau bouillante salée. Égouttez.

2 Faites fondre le beurre dans une poêle et faites revenir l'oseille 5 min en remuant doucement. Ajoutez l'ail et le persil hachés en fin de cuisson. Hors du feu, ajoutez la crème fraîche, salez légèrement et poivrez.

3 Faites cuire les cous farcis 15 min à sec dans une poêle posée sur feu doux, puis coupez-les en tranches.

4 Dressez l'oseille dans un plat rond en disposant les tranches de cou au centre.

Le bon accord
Un vin rouge rond en bouche : lalande de pomerol.

Gésier en folle salade

Pour **6 personnes** – Préparation : **10 minutes** – Cuisson : **1 minute**

- 100 g de roquefort Papillon
- 1 scarole
- 1 salade frisée
- 2 cuil. à soupe d'huile de noix
- 12 gésiers confits
- 2 cuil. à soupe de vinaigre de xérès
- 100 g de cerneaux de noix
- Sel, poivre du moulin

1 Coupez le roquefort en cubes.

2 Triez, lavez et essorez les salades. Mettez-les dans un saladier. Ajoutez l'huile de noix, du sel et du poivre.

3 Découpez les gésiers en morceaux et faites-les tiédir dans une poêle.

4 Faites également tiédir le vinaigre dans une petite casserole.

5 Ajoutez les gésiers tièdes ainsi que les noix à la salade, versez le vinaigre et mélangez bien.

Le bon accord
Un vin rosé frais.

Karin Rousseau remercie les boutiques suivantes pour le shopping :

Côté Maison : Bercy Village, Cours Saint-Émilion, Chais 44, 75012 Paris.
Pages : 31 (cuillère) ; 35 (set) ; 37 (set et couverts) ; 39 (set) ; 41 (plateau, plat, verre) ; 47 (set et fourchette) ; 53 (plats) ; 57, 59 (set) ; 63 (plat).

Buzz : 8, rue du Trésor, 75004 Paris.
Pages : 33 (set) ; 43 (verre) ; 49 (set) ; 55 (cuillère et photophore).

Comptoir de la vaisselle : Centre commercial Bercy 2, 94220 Charenton-le-Pont.
Pages : 37 (coupelle) ; 47 (plat) ; 61 (couteau).

Potiron : 3, cours de Vincennes, 75012 Paris.
Pages : 39 (fourchette) ; 41 (cuillère) ; 43 (plat).

L'éditeur remercie Sophie Lair pour son aide précieuse.

© 2006, Hachette Livre (Hachette Pratique), Paris

Tous droits de traduction, d'adaptation et de reproduction, totale ou partielle, pour quelque usage, par quelque moyen que ce soit, réservés pour tous pays.

Direction : Stephen Bateman
Direction éditoriale : Pierre-Jean Furet
Édition : Christine Martin
Conception intérieure : Dune Lunel
Réalisation intérieure : MCP
Couverture : Claire Guigal
Fabrication : Amélie Latsch

Dépôt légal : octobre 2006
ISBN : 2-01-62-1019-2
62-66-1019-01-9

Impression G. Canale & C.S.p.A., Turin (Italie).